Reliure serrée

INDIANA.

INDIANA

PAR

G. SAND.

1

PARIS

J.-P. RORET, LIBRAIRE-ÉDITEUR,
18, RUE DES GRANDS-AUGUSTINS.

HENRI DUPUY, IMPRIMEUR,
11, RUE DE LA MONNAIE

1832

Si quelques pages de ce livre encou-raient le grave reproche de tendance vers des croyances nouvelles, si des juges rigides trouvaient leur allure imprudente et dangereuse, il faudrait répondre à la critique qu'elle fait beaucoup trop d'honneur à une œuvre sans importance; que pour se prendre aux grandes questions de l'ordre social, il faut se sentir une grande force d'ame, ou s'attribuer un grand talent, et que tant de présomption n'entre point dans la donnée d'un récit fort simple où l'écrivain n'a presque rien créé. Si dans le cours de sa tâche il lui est arrivé d'exprimer des plaintes arrachées à ses personnages par le malaise social dont ils sont atteints; s'il n'a pas craint de répéter leurs aspirations vers une existence meilleure, qu'on s'en prenne à la société pour ses inégalités, à la destinée pour ses caprices. L'écrivain qui les retrace n'est qu'un miroir qui les reflète, une machine qui les décalque, et qui n'a rien à se faire pardonner si ses empreintes sont exactes, si son reflet est limpide.

Ensuite considérez que le narrateur n'a pris pour son texte, ni pour sa devise, quelques cris de souffrance et de colère épars dans le drame d'une vie humaine. Lui, n'a point la prétention de cacher un enseignement grave sous la forme d'un conte. Il ne vient pas donner son coup de main à l'édifice qu'un douteux avenir nous prépare, son coup de pied à celui du passé qui s'écroule. Il sait trop que nous vivons dans un temps de ruine morale, où la raison humaine a besoin de stores pour atténuer le trop grand jour qui l'éblouit. S'il s'était senti assez docte pour faire un livre vraiment utile, il aurait gazé la vérité, au lieu de la présenter avec ses teintes crues et ses effets tranchans. Ce livre-là eût fait l'office des lunettes bleues pour les yeux malades.

Il ne renonce point à remplir quelque jour cette tâche honnête et généreuse : mais, jeune qu'il est aujourd'hui, il vous raconte ce qu'il a vu sans oser prendre ses conclusions sur ce grand procès entre l'avenir et le passé, que peut-être nul homme de la génération présente n'est bien compétent pour juger. Trop consciencieux pour vous dissimuler ses doutes, mais trop timide pour les ériger en certitudes, il vous laisse les réflexions, et s'abstient, lui, de porter dans la trame de son récit des idées préconçues, des jugemens tout faits. Il remplit son métier de conteur avec ponctualité. Il vous dira tout, même ce qui est fâcheusement vrai; mais si vous l'affubliez de la robe du philosophe, vous le verriez bien confus lui, simple diseur, chargé de vous amuser et non de vous instruire.

Fût-il plus mûr et plus habile, il n'oserait pas encore porter la main sur les grandes plaies de la civilisation agonisante. Il faut être si sûr d'être propre à les guérir, quand on se risque à les sonder! Il aimerait mieux essayer de vous rattacher à d'anciennes croyances anéanties, à de vieilles dévotions perdues, plutôt que d'employer son talent, s'il en avait, à foudroyer les autels renversés.

Il sait pourtant que par l'esprit de charité qui court une conscience timorée est méprisée comme une réserve hypocrite dans les opinions, de même qu'une allure timide est raillée comme un maintien ridicule dans les arts; mais il sait aussi qu'à défendre les causes perdues il y a honneur, sinon profit.

Pour qui se méprendrait sur l'esprit de ce livre, une semblable profession de foi jurerait comme un anachronisme. Le narrateur espère qu'après avoir écouté son conte jusqu'au bout, peu d'auditeurs nieront la *moralité* qui ressort de ses faits et qui triomphe là, comme dans toutes les choses humaines. Il lui a semblé en l'achevant que sa conscience était nette, que le code légal qui doit régler ici-bas les battemens de sa poitrine d'homme pouvait bien le tenir quitte. Il s'est flatté enfin d'avoir raconté sans trop d'humeur les misères sociales, sans trop de passion les passions humaines. Il a mis la sourdine sur ses cordes quand elles résonnaient trop haut, la colophane sur son archet quand il courait trop vite. Il a tâché d'assourdir certaines notes de l'ame qui doivent rester muettes, certaines voix du cœur qu'on n'éveille pas sans danger.

Peut-être lui rendrez-vous justice, si vous convenez qu'il vous a montré bien misérable l'être qui veut s'affranchir de son frein légitime, bien désolé le cœur qui se révolte contre les arrêts de sa destinée. S'il n'a pas donné le plus beau rôle possible à tel de ses personnages qui représente *la loi*, s'il a montré moins riant encore tel autre qui représente *l'opinion*, vous en verrez un troisième qui représente *l'illusion* et qui déjoue cruellement les vaines espérances, les folles entreprises de la passion. Vous verrez enfin que s'il n'a pas effeuillé des roses sur le sol où la loi parque nos volontés comme des appétits de mouton, il a jeté des orties sur les chemins qui nous en éloignent.

Voici, ce me semble, qui doit garantir suffisamment le livre du reproche d'immoralité; mais si vous voulez absolument qu'un roman finisse comme un conte de Marmontel ou comme un vaudeville de

M. Scribe, vous nous reprocherez peut-être les dernières pages; vous trouverez mauvais que nous n'ayons pas jeté dans la misère et l'abandon l'être qui pendant deux volumes a transgressé les lois humaines. Ici l'auteur vous répondra qu'avant d'être moral il a voulu être vrai : il vous répétera que se sentant trop neuf pour faire un traité philosophique sur la manière de supporter la vie, il s'est borné à vous dire Indiana, une histoire du cœur humain avec ses faiblesses, ses violences, ses droits, ses torts, ses biens et ses maux.

Indiana, si vous voulez absolument expliquer tout dans un livre, c'est un type; c'est la femme, l'être faible chargé de représenter *les passions* opprimées, ou si vous l'aimez mieux *réprimées* par *les lois*; c'est la volonté aux prises avec la nécessité, c'est l'amour heurtant son front aveugle à tous les obstacles de la civilisation. Mais le serpent use et brise ses dents à vouloir ronger une lime, les forces de l'ame s'épuisent à vouloir lutter contre le positif de la vie. Voilà ce que vous pourrez conclure de cette anecdote, et c'est dans ce sens qu'elle fut racontée à celui qui vous la transmet.

Malgré ces protestations, le narrateur s'attend à des reproches. Quelques ames probes, quelques consciences d'honnêtes gens s'alarmeront peut-être de voir la vertu si rude, la raison si triste, l'opinion si injuste. Il s'en effraie, car ce qu'un écrivain doit craindre le plus au monde, c'est d'aliéner à ses productions la confiance des hommes de bien; c'est d'éveiller des sympathies funestes dans les ames aigries, c'est d'envenimer les plaies déjà trop cuisantes que le joug social imprime sur des fronts impatiens et rebelles.

Le succès qui s'étaye sur un appel coupable aux passions d'une époque est le plus facile à conquérir, le moins honorable à tenter. L'historien d'Indiana se défend d'y avoir songé; s'il croyait avoir atteint ce résultat, il anéantirait son livre, eût-il pour lui le naïf amour paternel qui emmaillotte les productions rachitiques de ces jours d'avortemens littéraires.

Mais il espère se justifier en disant qu'il a cru mieux servir ses principes par des exemples vrais que par de poétiques inventions. Avec le caractère de triste franchise qui l'enveloppe, il pense que son récit pourra faire impression sur des cerveaux ardens et jeunes. Ils se méfieront difficilement d'un historien qui passe brutalement au milieu des faits, coudoyant à droite et à gauche sans plus d'égard pour un camp que pour l'autre. Rendre une cause odieuse ou ridicule, c'est la persécuter et non pas la combattre. Peut-être que tout l'art du conteur consiste à intéresser à leur propre histoire les coupables qu'il veut ramener, les malheureux qu'il veut guérir.

Ce serait donner trop d'importance à un ouvrage destiné sans doute à faire peu de bruit, que de vouloir écarter de lui toute accusation. Aussi l'auteur s'abandonne tout entier à la critique; une seule lui semble trop grave pour qu'il l'accepte, celle d'avoir voulu faire un livre dangereux. Il aimerait mieux rester à jamais médiocre que d'élever sa réputation sur une conscience ruinée. Il ajoutera donc encore un mot pour repousser le blâme qu'il redoute le plus.

Raymon, direz-vous, c'est la société, l'égoïsme c'est la morale, c'est la raison. Raymon, répondra l'auteur, c'est la fausse raison, la fausse morale par qui la société est gouvernée, c'est l'homme d'honneur comme l'entend le monde, parce que le monde n'examine pas d'assez près pour tout voir. L'homme de bien, vous l'avez à côté de Raymon, et vous ne direz pas qu'il est l'ennemi de l'ordre, car il immole son bonheur, il fait abnégation de lui-même devant toutes les questions d'ordre social.

Ensuite vous direz que l'on ne vous a pas montré la vertu récompensée d'une façon assez éclatante. Hélas! on vous répondra que le triomphe de la vertu ne se voit plus qu'aux théâtres du boulevard.

L'auteur vous dira qu'il ne s'est pas engagé à vous montrer la société vertueuse mais nécessaire, et que l'honneur est devenu difficile comme l'héroïsme dans ces jours de décadence morale. Pensez-vous que cette vérité dégoûte les grandes ames de l'honneur ! Nous pensons tout le contraire.

PREMIÈRE PARTIE.

INDIANA.

1.

Par une soirée d'automne pluvieuse et fraîche, trois personnes rêveuses étaient gravement occupées, au fond d'un petit castel de la Brie, à regarder brûler les tisons du foyer et cheminer lentement l'aiguille de la pendule. Deux de ces hôtes silencieux semblaient s'abandonner en toute soumission au vague ennui qui pesait sur eux. Mais le troisième donnait des marques de rébellion ouverte ; il s'agitait sur son siége, étouffait à demi-haut quelques bâillemens mélancoliques ; il frappait la pincette sur les bûches pétillantes, avec une intention marquée de lutter contre l'ennemi commun.

Ce personnage, beaucoup plus âgé que les deux autres, était le maître de la maison, le colonel Delmare, vieille bravoure en demi-solde, homme jadis beau, maintenant épais, au front chauve, à la moustache grise, à l'œil terrible ; excellent maître devant qui tout tremblait, femme, serviteurs, chevaux et chiens.

Il quitta enfin sa chaise, évidemment impatienté de ne savoir comment rompre le silence, et se prit à marcher pesamment dans toute la longueur possible du salon ; mais sans perdre un instant la roideur convenable à tous les mouvemens d'un ancien militaire, s'appuyant sur les reins, et se tournant tout d'une pièce, avec ce contentement perpétuel de soi-même qui caractérise l'homme de parade et l'officier modèle.

Mais ils étaient passés ces jours d'éclat où le lieutenant Delmare respirait le triomphe avec l'air des camps; l'officier supérieur en retraite, oublié maintenant de la patrie ingrate, se voyait condamné à subir toutes les conséquences du mariage, savoir : à être l'époux d'une jeune et jolie femme, le propriétaire d'un commode manoir avec ses dépendances, et de plus un industriel heureux dans ses spéculations. En conséquence de quoi, le colonel avait de l'humeur, et ce soir-là surtout, car le temps était humide, et le colonel avait des rhumatismes.

Il arpentait donc avec gravité son vieux salon meublé dans le goût de Louis XV, s'arrêtant parfois devant une porte surmontée d'amours tout nus, peints à fresque, qui enchaînaient de fleurs des biches fort bien élevées et des sangliers de bonne volonté; parfois devant un panneau surchargé de sculptures maigres et tourmentées, dont l'œil se fût vainement fatigué à suivre les caprices tortueux et les enlacemens sans fin; mais ces vagues et passagères distractions n'empêchaient pas que le colonel à chaque tour de sa promenade ne jetât un regard lucide et profond sur les deux compagnons de sa veillée silencieuse, reportant de l'un à l'autre cet œil attentif qui couvait depuis trois ans un trésor fragile et précieux, sa femme.

Car elle avait dix-neuf ans sa femme, et si vous l'eussiez vue enfoncée sous le manteau de cette vaste cheminée de marbre blanc incrusté de cuivre doré, si vous l'eussiez vue, toute fluette, toute pâle, toute triste, le coude appuyé sur la tête grimaçante d'un *landier* de fer poli, elle toute jeune, au milieu de ce vieux ménage, à côté de ce vieux mari, semblable à une fleur née d'hier qu'on met éclore dans un vase gothique aux lourds fleurons de porcelaine, vous eussiez plaint la femme du colonel Delmare, et peut-être le colonel Delmare plus encore que sa femme.

Le troisième occupant de cette maison isolée était assis sous le même enfoncement de la cheminée, à l'autre extrémité de la buche incandescente. C'était un homme dans toute la force et dans toute la fleur de la jeunesse, et dont les joues brillantes, la riche chevelure d'un blond vif, les favoris bien fournis juraient avec les cheveux grisonnans, le teint flétri et la rude physionomie du patron ; mais le moins *artiste* des hommes eût encore préféré l'expression rude et austère de M. Delmare, aux traits régulièrement fades du jeune homme. La figure bouffie, gravée en relief sur la plaque de tôle qui occupait le fond de la cheminée, était peut-être moins monotone, avec son regard incessamment fixé sur les tisons ardens, que ne l'était dans la même contemplation le personnage vermeil et blond de cette histoire. Du reste, la vigueur assez dégagée de ses formes, la netteté de ses sourcils bruns, la blancheur polie de son front, le calme de ses yeux limpides, la beauté de ses mains, et jusqu'à la rigoureuse élégance de son costume de chasse, l'eussent fait passer pour un fort beau cavalier (terme de province) aux yeux de toute femme qui eût porté en amour des goûts un peu philosophiques ; mais peut-être la jeune et timide femme de M. Delmare n'avait-elle jamais encore examiné un homme avec les yeux, peut-être y avait-il entre cette femme frêle et souffreteuse et cet homme dormeur et bien mangeant, absence de toute sympathie ; il est certain que l'argus marital fatigua son œil de vautour sans surprendre un regard, un souffle, une palpitation entre ces deux êtres si dissemblables. Alors, bien certain de n'avoir pas même un sujet de jalousie pour s'occuper, il retomba dans une tristesse plus profonde qu'auparavant, et enfonça ses mains brusquement jusqu'au fond de ses poches.

La seule figure heureuse et caressante de ce groupe, c'était celle d'un beau chien de chasse de la grande espèce des griffons, qui avait alongé sa tête sur les genoux de l'homme assis. Il était remarquable par sa longue taille, ses larges jarrets velus, son museau effilé comme celui d'un renard, et sa spirituelle physionomie toute hérissée de poils en désordre au travers desquels deux grands yeux fauves brillaient comme deux topazes. Ces yeux de chien courant, si sanglans et si sombres dans l'ardeur de la chasse, avaient alors un sentiment de mélancolie et de tendresse indéfinissable, et lorsque le maître, objet de tout cet amour d'instinct, si supérieur aux affections raisonnées de l'homme, passait les doigts dans les soies argentées du beau griffon, les yeux de l'animal étincelaient de plaisir, et passaient du jaune orange au rouge grenat, tandis que sa longue queue balayait l'âtre en cadence, et en éparpillait la cendre sur la marqueterie du parquet.

Il y avait peut-être le sujet d'un tableau à la Rembrandt dans cette scène d'intérieur à demi-éclairée par la flamme du foyer. Des lueurs blanches et fugitives inondaient par intervalles l'appartement et les figures, puis passant au ton rouge de la braise, s'éteignaient par degrés; la vaste salle s'assombrissait alors dans la même proportion. A chaque tour de sa promenade, M. Delmare, en passant devant le feu, apparaissait comme une ombre et se perdait aussitôt dans les mystérieuses profondeurs du salon. Quelques lames de dorure s'enlevaient çà et là en lumière sur les cadres ovales chargés de couronnes, de médaillons, et de rubans de bois, sur les meubles plaqués d'ébène et de cuivre, et jusque sur les corniches déchiquetées de la boiserie. Mais lorsqu'un tison, venant à s'éteindre, cédait son éclat à un autre point embrasé de l'âtre, les objets, lumineux tout-à-l'heure, rentraient dans l'ombre, et d'autres aspérités brillantes se détachaient de l'obscurité. Ainsi l'on eût pu saisir tour à tour tous les détails du tableau, tantôt la console portée sur trois grands tritons dorés, tantôt le plafond peint qui représentait un ciel parsemé de nuages et d'étoiles, tantôt les lourdes tentures de damas cramoisi à longues crépines qui se moiraient de reflets satineux, et dont les larges plis semblaient s'agiter en se renvoyant la clarté inconstante.

On eût dit, à voir l'immobilité des deux personnages en relief devant le foyer, qu'ils eussent craint de déranger l'immobilité de la scène; fixes et pétrifiés comme les héros d'un conte de fées, on eût dit que la moindre parole, le plus léger mouvement eût dû faire écrouler sur eux les murs d'une cité fantastique; et le maître, au front rembruni, qui d'un pas égal coupait seul l'ombre et le silence, ressemblait assez à un sorcier qui les eût tenus sous le charme de la fascination.

Enfin, le griffon, ayant obtenu de son maître un regard de complaisance, céda à la puissance de ce magnétisme que la prunelle de l'homme exerce sur celle des animaux intelligens. Il laissa échapper un léger aboiement de tendresse craintive, et jeta ses deux pattes antérieures sur les épaules de son bien-aimé avec une souplesse et une grâce inimitables.

— A bas, Ophélia! à bas! Et le jeune homme adressa en anglais une grave réprimande au docile animal qui, honteux et repentant, se traîna en rampant vers madame Delmare comme pour lui demander protection. Mais madame Delmare ne sortit point de sa rêverie, et laissa la tête d'Ophélia s'appuyer sur ses deux blanches mains qu'elle tenait croisées sur son genou, sans lui accorder une caresse.

— Cette chienne est donc tout-à-fait installée au salon? dit le colonel, secrètement satisfait de trouver un motif d'humeur pour passer le temps. Au chenil, Ophélia ! allons dehors, sotte bête !

Si quelqu'un alors eût observé de près madame Delmare, il eût pu deviner, dans cette circonstance minime et vulgaire de sa vie privée, le secret douloureux de sa vie entière. Un frisson imperceptible parcourut son corps, et ses mains qui soutenaient, sans y penser, la tête de l'animal favori, se crispèrent vivement autour de son cou rude et velu comme pour le retenir et le préserver. M. Delmare, tirant alors son fouet de chasse de la poche de sa veste, s'avança d'un air menaçant vers la pauvre Ophélia qui se coucha à ses pieds, en fermant les yeux et laissant échapper d'avance des cris de douleur et de crainte. Madame Delmare devint plus pâle encore que de coutume, son sein se gonfla convulsivement, et tournant ses grands yeux bleus vers son mari, avec une expression d'effroi indéfinissable :

—De grâce, Monsieur, lui dit-elle, ne la tuez pas!

Ce peu de mots fit tressaillir le colonel. Un sentiment de chagrin prit la place de ses velléités de colère.

—Ceci, Madame, est un reproche que je comprends fort bien, dit-il, et que vous ne m'avez pas épargné depuis le jour où j'eus la vivacité de tuer votre épagneul à la chasse. N'est-ce pas une grande perte? Un chien qui forçait toujours l'arrêt, et qui s'emportait sur le gibier. Quelle patience n'eût-il pas lassée? Au reste, vous ne l'avez tant aimé que depuis sa mort, auparavant vous n'y preniez pas garde; mais maintenant que c'est pour vous l'occasion de me blâmer...

— Vous ai-je jamais fait un reproche? dit madame Delmare avec cette douceur qu'on a par générosité avec les gens qu'on aime, et par égard pour soi-même avec ceux qu'on n'aime pas.

— Je ne dis pas cela, reprit le colonel sur un ton moitié père, moitié mari. Mais il y a dans les larmes de certaines femmes des reproches plus sanglans que dans toutes les imprécations d'une autre. Morbleu ! Madame, vous savez bien que je n'aime pas à voir pleurer autour de moi...

— Vous ne me voyez jamais pleurer, je pense.

— Eh! ne vous vois-je pas sans cesse les yeux rouges ? C'est encore pis, ma foi.

Pendant cette conversation conjugale, le jeune homme s'était levé et avait fait sortir Ophélia avec le plus grand calme, puis il revint s'asseoir vis-à-vis de madame Delmare, après avoir rallumé la bougie éteinte, et l'avoir placée sur le manteau de la cheminée.

Il y eut dans cet acte de pur hasard une influence subite sur les dispositions de M. Delmare; dès que la bougie eut jeté sur sa femme une clarté plus égale et moins vacillante que celle du foyer, il remarqua l'air de souffrance et d'abattement qui, ce soir-là, était répandu plus que d'habitude sur toute sa personne; son attitude fatiguée, ses longs cheveux bruns, pendans sur ses joues amaigries, et une teinte violacée sous ses yeux ternis et échauffés. Il fit quelques tours dans l'appartement, puis revenant à sa femme, par une transition assez brusque :

— Comment vous trouvez-vous aujourd'hui, Indiana? lui dit-il avec la maladresse d'un homme dont le cœur et le caractère sont rarement d'accord.

— Comme à l'ordinaire, je vous remercie, répondit-elle sans témoigner ni surprise, ni rancune.

— Comme à l'ordinaire, ce n'est pas une réponse, ou plutôt c'est une réponse de femme, une réponse normande qui ne signifie ni oui ni non, ni bien ni mal.

— Soit, je ne me porte ni bien ni mal.

— Eh bien! reprit-il avec une nouvelle rudesse, vous mentez; je sais que vous ne vous portez pas bien, vous l'avez dit à sir Ralph, ici présent. Voyons, en ai-je menti, moi? Parlez, monsieur Ralph, vous l'a-t-elle dit?

— Elle me l'a dit, répondit le flegmatique personnage interpellé, sans faire attention au regard de reproche que lui adressait Indiana.

En ce moment un quatrième personnage entra : c'était le factotum de la maison, ancien sergent du régiment de M. Delmare, le compagnon de gloire, ou, si vous l'aimez mieux, l'éternel grognard dont tout personnage militaire est désormais flanqué dans les romans et sur les théâtres; personnage usé jusqu'à la corde, et dont le narrateur de cette histoire jure sur l'honneur de ne pas lasser la patience de son lecteur bénévole. En conséquence de quoi il s'abstiendra de décrire le susdit grognard, de raconter ses campagnes, de répéter ses lazzis, de copier religieusement ses fautes de français. Il ne l'introduira dans cette histoire que comme comparse, comme une machine à ouvrir et fermer les portes, à remettre les lettres et annoncer les visiteurs. Tout ce qu'il dira du personnel de cet individu nécessaire, c'est qu'il s'appelait Lelièvre.

Il expliqua en peu de mots à M. Delmare qu'il avait ses raisons pour croire que des voleurs de charbon s'étaient introduits les nuits précédentes, à pareille heure, dans le parc, et qu'il venait demander un fusil pour faire sa ronde avant de fermer les portes. M. Delmare qui vit à cette aventure une tournure guerrière, prit aussitôt son fusil de chasse, en donna un autre à Lelièvre, et se disposa à sortir de l'appartement.

— Eh quoi! dit madame Delmare avec effroi, vous tueriez un pauvre paysan pour quelques sacs de charbon?

— Je tuerai comme un chien, répondit Delmare irrité de cette objection, tout homme que je trouverai la nuit à rôder dans mon enclos. Si vous connaissiez la loi, Madame, vous sauriez qu'elle m'y autorise.

— C'est une affreuse loi, reprit Indiana avec feu; puis réprimant aussitôt ce mouvement: — Mais vos rhumatismes? ajouta-t-elle d'un ton plus bas. Vous oubliez qu'il pleut, et que vous souffrirez demain si vous sortez ce soir.

— Vous avez bien peur d'être obligée de soigner le vieux mari, répondit Delmare en poussant la porte brusquement; et il sortit en continuant de murmurer contre son âge et contre sa femme.

II.

Les deux personnages que nous venons de nommer Indiana Delmare et sir Ralph, ou, si vous l'aimez mieux, M. Rodolphe Brown, restèrent donc vis-à-vis l'un de l'autre, aussi calmes, aussi froids que si le mari eût été entre eux deux. L'Anglais ne songeait nullement à se justifier, et madame Delmare sentait qu'elle n'avait pas de reproches sérieux à lui faire, car il n'avait parlé qu'à bonne intention. Enfin, rompant le silence avec effort, elle le gronda doucement.

— Ce n'est pas bien, mon cher Ralph, lui dit-elle; je vous avais défendu de répéter ces paroles échappées dans un moment de souffrance, et M. Delmare est le dernier que j'aurais voulu instruire de mon mal.

— Je ne vous conçois pas, ma chère, repartit sir Brown; vous êtes malade et vous ne voulez pas vous soigner. Il fallait donc choisir entre la chance de vous perdre et la nécessité d'avertir votre mari?

— Oui, dit madame Delmare avec un sourire triste, et vous avez pris le parti de *prévenir l'autorité!*

— Vous avez tort, vous avez tort, sur ma parole, de vous laisser aigrir ainsi contre le colonel; c'est un homme d'honneur, un digne homme.

— Mais qui vous a dit le contraire, sir Ralph?...

— Eh! vous-même, sans le vouloir; votre tristesse, votre état maladif, et, comme il le remarque lui-même, vos yeux rouges disent à tout le monde et à toute heure que vous n'êtes pas heureuse....

— Taisez-vous, sir Ralph, vous allez trop loin. Je ne vous ai pas permis de savoir tant de choses.

— Je vous fâche, je le vois; que voulez-vous? je ne suis pas adroit, je ne connais pas les subtilités de votre langue, et puis j'ai beaucoup de rapports avec votre mari, en ce que j'ignore absolument, soit en anglais, soit en français, ce qu'il faut dire aux femmes pour les consoler. Un autre vous eût fait comprendre, sans vous la dire, la pensée que je viens de vous exprimer si lourdement. Il eût trouvé l'art d'entrer bien avant dans votre confiance, sans vous laisser apercevoir ses progrès, et peut-être eût-il réussi à soulager un peu votre cœur, qui se raidit et se ferme devant moi. Ce n'est pas la première fois que je remarque combien, en France particulièrement, les mots ont plus d'empire que les idées. Les femmes surtout...

— Oh! vous avez un profond dédain pour les femmes, mon cher Ralph. Je suis ici seule contre deux, je dois donc me résoudre à n'avoir jamais raison.

— Donne-nous tort, ma chère cousine, en te portant bien, en reprenant ta gaîté, ta fraicheur, ta vivacité d'autrefois; rappelle-toi l'Ile-Bourbon et notre délicieuse retraite de Bernica, et notre enfance si joyeuse, et notre amitié aussi vieille que toi.....

— Je me rappelle aussi mon père...... dit Indiana en appuyant tristement sur cette réponse et en mettant sa main dans la main de sir Ralph.

Ils retombèrent dans un profond silence.

— Vois-tu, Indiana, dit Ralph après une pause, le bonheur est toujours à notre portée. Il ne faut souvent qu'étendre la main pour s'en saisir. Que te manque-t-il? tu as une honnête aisance, préférable à la richesse, un excellent mari qui t'aime de tout son cœur, et j'ose le dire un ami sincère, dévoué...

Madame Delmare pressa faiblement la main de sir Ralph, mais elle ne changea pas d'attitude; sa tête resta penchée sur son sein, et ses yeux humides attachés fixement sur les magiques effets de la braise.

— Votre tristesse, ma chère amie, poursuivit sir Ralph, est un état purement maladif; lequel de nous peut échapper au chagrin, au spleen? Regardez au-dessous de vous, vous y verrez des gens qui vous envient avec raison. L'homme est ainsi fait, toujours il aspire à ce qu'il n'a pas...

Nous vous ferons grâce d'une foule d'autres lieux communs que débita le bon sir Ralph d'un ton monotone et lourd comme ses pensées. Ce n'est pas que sir Ralph fût un sot, mais il était là tout-à-fait hors de son élément. Il ne manquait ni de bon sens, ni de savoir; mais consoler une femme, comme il l'avouait lui-même, était un rôle au-dessus de sa portée. Et cet homme comprenait si peu le chagrin d'autrui, qu'avec la meilleure volonté possible d'y apporter remède, il ne savait y toucher que pour l'envenimer; il sentait bien sa gaucherie et se hasardait rarement à s'apercevoir des afflictions de ses amis; et cette fois il faisait des efforts inouis pour remplir ce qu'il regardait comme le plus pénible devoir de l'amitié.

Quand il vit que madame Delmare ne l'écoutait plus qu'avec effort, il se tut, et l'on n'entendit plus que les mille petites voix qui bruissent dans le bois embrasé, le chant plaintif de la bûche qui s'échauffe et se dilate, le craquement de l'écorce qui se crispe et s'éclate, et ces légères explosions phosphorescentes qui s'échappent de l'aubier en faisant jaillir une flamme bleuâtre et frissonneuse. De temps à autre le hurlement d'un chien venait se mêler au faible sifflement de la bise qui se glissait dans les fentes de la porte, et au bruit de la pluie qui fouettait les vitres. Cette soirée était une des plus tristes qu'avait encore passées madame Delmare dans son petit manoir de la Brie.

Et puis, je ne sais quelle attente vague pesait sur cette ame impressionnable et sur ces fibres délicates. Les êtres faibles ne vivent que de terreurs et de pressentimens. Madame Delmare avait toutes les superstitions d'une créole nerveuse et maladive ; certaines harmonies de la nuit, certains jeux de la lune lui faisaient croire à de certains événemens, à de prochains malheurs, et la nuit avait, pour cette femme rêveuse et triste, un langage tout de mystères et de fantômes, qu'elle seule savait comprendre et traduire suivant ses craintes et ses souffrances.

— Vous direz encore que je suis folle, dit-elle en retirant sa main que tenait toujours sir Ralph, mais je ne sais quelle catastrophe se prépare autour de nous. Il y a ici un danger qui pèse sur quelqu'un...... sur moi sans doute; mais... tenez, Ralph, je me sens émue comme à l'approche d'une grande phase de ma destinée...... J'ai peur, ajouta-t-elle en frissonnant, je me sens mal.

Et ses lèvres devinrent aussi blanches que ses joues. Sir Ralph effrayé, non des pressentimens de madame Delmare, qu'il regardait comme les symptômes d'une grande atonie morale, mais de sa pâleur mortelle, tira vivement la sonnette pour demander des secours. Mais personne ne vint, et Indiana s'affaiblissant de plus en plus, Ralph épouvanté l'éloigna du feu, la déposa sur une chaise longue, et courut au hasard, appelant les domestiques, cherchant de l'eau, des sels, ne trouvant rien, brisant toutes les sonnettes, se perdant au travers du dédale des appartemens obscurs, et tordant ses mains d'impatience et de dépit contre lui-même.

Enfin l'idée lui vint d'ouvrir la porte vitrée

qui donnait sur le parc et d'appeler tour à tour Lelièvre et Noun, la femme de chambre créole de madame Delmare.

Quelques instans après, Noun accourut d'une des plus sombres allées du parc, et demanda vivement si madame Delmare se trouvait plus mal que de coutume.

— Tout-à-fait mal, répondit sir Brown ; et tous deux rentrèrent au salon et prodiguèrent leurs soins à madame Delmare évanouie, l'un avec tout le zèle d'un empressement inutile et gauche, l'autre avec l'adresse et l'efficacité d'un dévouement de femme.

Noun était la sœur de lait de madame Delmare ; ces deux jeunes personnes, élevées ensemble, s'aimaient tendrement. Noun, grande, forte, brillante de santé, vive, alerte et pleine de sang créole ardent et passionné, effaçait de beaucoup, par sa beauté resplendissante, la beauté pâle et grêle de madame Delmare ; mais la bonté de leur cœur et la force de leur attachement étouffaient entre elles tout sentiment de rivalité féminine.

Lorsque madame Delmare revint à elle, la première chose qu'elle remarqua fut l'altération des traits de sa femme de chambre, le désordre de sa chevelure humide et l'agitation qui se trahissait dans tous ses mouvemens.

— Rassure-toi donc, ma pauvre enfant, lui dit-elle avec bonté; mon mal te brise plus que moi-même. Va, Noun, c'est à toi de te soigner, tu maigris et tu pleures, comme si ce n'était pas à toi de vivre ; ma bonne Noun, la vie s'ouvre si joyeuse et si belle devant toi!

Noun pressa avec effusion la main de madame Delmare contre ses lèvres, et dans une sorte de délire jetant autour d'elle des regards effarés :

— Mon dieu, dit-elle, savez-vous, Madame, pourquoi M. Delmare est dans le parc?

— Pourquoi? répéta Indiana perdant aussitôt le faible coloris qui avait reparu sur ses joues; mais attends donc, je ne sais plus..... Tu me fais peur, qu'y a-t-il donc?

— Monsieur Delmare, répondit Noun d'une voix entrecoupée, prétend qu'il y a des voleurs dans le parc. Il fait sa ronde avec Lelièvre, tous deux armés de fusils...

— Hé bien? dit Indiana qui semblait attendre quelque affreuse nouvelle.

— Hé bien! Madame, reprit Noun en joignant les mains avec égarement, n'est-ce pas affreux de songer qu'ils vont tuer un homme?...

— Tuer! s'écria madame Delmare en se levant avec la terreur crédule d'un enfant alarmé par les récits de sa bonne.

— Ah! oui, ils le tueront, dit Noun avec des sanglots étouffés.

— Ces deux femmes sont folles, pensa sir Ralph qui regardait cette scène étrange d'un air stupéfait. D'ailleurs, ajouta-t-il en lui-même, toutes les femmes le sont.

— Mais, Noun, que dis-tu là? reprit madame Delmare; est-ce que tu crois aux voleurs?

— Oh! si c'étaient des voleurs! mais quelque pauvre paysan, peut-être, qui vient dérober une poignée de bois pour sa famille....

— Oui, ce serait affreux, en effet!... Mais ce n'est pas probable, à l'entrée de la forêt de Fontainebleau et lorsqu'on peut si facilement y dérober du bois, ce n'est pas dans un parc fermé de murs qu'on viendrait s'exposer...... Bah! M. Delmare ne trouvera personne dans le parc, rassure-toi donc......

Mais Noun n'écoutait pas, elle allait de la fenêtre du salon à la chaise longue de sa maîtresse, elle épiait le moindre bruit, elle semblait partagée entre l'envie de courir après M. Delmare et celle de rester auprès de la malade.

Son anxiété parut si étrange, si déplacée à M. Brown, qu'il sortit de sa douceur habituelle, et lui pressant fortement le bras :

— Vous avez donc perdu l'esprit tout-à-fait? lui dit-il; ne voyez-vous pas que vous épouvantez votre maîtresse, et que vos sottes frayeurs lui font un mal affreux?

Noun ne l'avait pas entendu, elle avait tourné les yeux vers sa maîtresse qui venait de tressaillir sur sa chaise, comme si l'ébranlement de l'air eût frappé ses sens d'une commotion électrique. Presque au même instant le bruit d'un coup de fusil fit trembler les vitres du salon, et Noun tomba sur ses genoux.

— Quelles misérables terreurs de femmes ! s'écria sir Ralph fatigué de leur émotion; tout à l'heure on va vous apporter en triomphe un lapin tué à l'affût, et vous rirez de vous-mêmes.

—Non, Ralph, dit madame Delmare en marchant d'un pas ferme vers la porte, je vous dis qu'il y a du sang humain répandu.

Noun jeta un cri perçant et tomba sur le visage.

On entendit alors la voix de Lelièvre qui criait du côté du parc :

— Il y est ! il y est ! Bien ajusté, mon colonel ! le larron est par terre !...

Sir Ralph commença à s'émouvoir. Il suivit madame Delmare ; quelques instants après on apporta un homme ensanglanté et ne donnant aucun signe de vie sous le péristyle de la maison.

—Pas tant de bruit, pas tant de cris, disait avec une gaîté rude le colonel à tous ses domestiques effrayés qui s'empressaient autour du cadavre ; ceci n'est qu'une plaisanterie, mon fusil n'était chargé que de sel. Je crois même que je ne l'ai pas touché ; il est tombé de peur.

— Mais ce sang, Monsieur, dit madame

Delmare d'un ton de profond reproche, est-ce la peur qui le fait couler ?

— Pourquoi êtes-vous ici, Madame? s'écria M. Delmare ; que faites-vous ici ?

— J'y viens pour réparer, comme il est de mon devoir, le mal que vous faites, Monsieur, répondit-elle froidement. Et s'avançant vers le cadavre avec un courage dont aucune des personnes présentes ne s'était encore senti capable, elle écarta le manteau dont il était enveloppé des pieds à la tête, et approcha une lumière de son visage.

Alors, au lieu des traits et des vêtemens ignobles qu'on s'attendait à voir, on trouva un jeune homme de la plus noble figure, et vêtu avec recherche quoiqu'en habit de chasse. Il avait une main blessée assez légèrement, mais ses vêtemens déchirés et de fortes contusions annonçaient une chute grave.

— Je le crois bien, dit Lelièvre, il est tombé de vingt pieds de haut. Il enjambait le sommet du mur quand le colonel l'a ajusté, et quelques grains de petit plomb ou de sel dans la main droite l'auront empêché de prendre son appui ; le fait est que je l'ai vu rouler, et qu'arrivé en bas il ne songeait guère à se sauver, le pauvre diable.

— Est-ce croyable, dit une femme de service, qu'on s'amuse à voler quand on est *couvert* si proprement ?

— Et ses poches sont pleines d'or, dit un autre qui avait détaché le gilet du voleur.

— Cela est étrange, dit le colonel qui regardait, non sans une émotion profonde, l'homme étendu devant lui. Si cet homme est mort, ce n'est pas ma faute ; examinez sa main, Madame, et si vous y trouvez un grain de plomb....

— J'aime à vous croire, Monsieur, répondit madame Delmare qui, avec un sang-froid et une force morale dont personne ne l'eût crue capable, examinait attentivement le pouls et les artères du cou. Aussi bien, ajouta-t-elle, il n'est pas mort, et de prompts secours lui sont nécessaires. Cet homme n'a pas l'air d'un voleur et mérite peut-être des soins, et quand même il n'en mériterait pas, notre devoir à nous autres femmes est de lui en accorder.

Alors madame Delmare fit transporter le blessé dans la salle de billard qui était la plus voisine. On jeta un matelas sur quelques banquettes, et Indiana, aidée de ses femmes, s'occupa de panser la main malade, tandis que sir Ralph, qui avait des connaissances en chirurgie, pratiqua une abondante saignée.

Pendant ce temps, le colonel, embarrassé de sa contenance, se trouvait dans la situation d'un homme qui s'est montré plus méchant qu'il n'avait l'intention de l'être. Il sentait le besoin de se justifier aux yeux des autres, ou plutôt de se faire justifier par les autres aux siens propres. Il était donc resté sous le péristyle au milieu de ses serviteurs, se livrant avec eux aux longs commentaires si chaudement prolixes et si parfaitement inutiles qu'on fait toujours après l'événement. Lelièvre avait déjà expliqué vingt fois, dans les plus minutieux détails, le coup de fusil, la chute et ses résultats, tandis que le colonel redevenu bonhomme au milieu des siens, ainsi qu'il l'était toujours après avoir satisfait sa colère, incriminait les intentions d'un homme qui s'introduit dans une propriété particulière la nuit par-dessus les murs. Chacun était de l'avis du maître, lorsque le jardinier, le tirant doucement à part, l'assura que le voleur ressemblait *comme deux gouttes d'eau* à un jeune propriétaire récemment installé dans le voisinage, et qu'il avait vu parler à mademoiselle Noun trois jours auparavant à la fête champêtre de Rubelles.

Ces renseignemens donnèrent un autre cours aux idées de M. Delmare ; son large front luisant et chauve se sillonna d'une grosse veine dont le gonflement était chez lui le précurseur de l'orage.

—Morbleu! se dit-il en serrant les poings, madame Delmare prend bien de l'intérêt à ce godelureau qui pénètre chez moi par-dessus les murs!

Et il entra dans la salle de billard pâle et frémissant de colère.

III.

—

— Rassurez-vous, Monsieur, lui dit Indiana; l'homme que vous avez tué se portera bien dans quelques jours; du moins nous l'espérons, quoique la parole ne lui soit pas encore revenue...

— Il ne s'agit pas de cela, Madame, dit le

colonel d'une voix concentrée; il s'agit de me dire le nom de cet intéressant malade, et de m'expliquer par quelle distraction il a pris le mur de mon parc pour l'avenue de ma maison?

— Je l'ignore absolument, répondit madame Delmare avec une froideur si pleine de fierté que son terrible époux en fut comme étourdi un instant; mais revenant bien vite à ses soupçons jaloux :

— Je le saurai, Madame, lui dit-il à demi-voix, soyez bien sûre que je le saurai..

Alors, comme madame Delmare feignait de ne pas remarquer sa fureur, et continuait à donner des soins au blessé, il sortit pour ne pas éclater devant ses femmes, et rappela le jardinier.

— Comment s'appelle cet homme qui ressemble, dis-tu, à notre larron?

—Monsieur de Ramière; c'est lui qui vient d'acheter la petite maison anglaise de M. de Cercy.

— Quel homme est-ce? un noble, un fat, un beau monsieur?

— Un très-beau monsieur, un noble, je crois....

— Cela doit être, reprit le colonel avec emphase, M. de Ramière! Dis-moi, Louis, ajouta-t-il en parlant bas, n'as-tu jamais vu ce fat rôder autour d'ici?

— Monsieur... la nuit dernière... répondit Louis embarrassé; j'ai vu certainement... Pour vous dire que ce soit un fat, je n'en sais rien; mais à coup sûr c'était un homme.

— Et tu l'as vu?

— Comme je vous vois, sous les fenêtres de l'orangerie...

— Et tu n'es pas tombé dessus avec le manche de ta pelle?

— Monsieur, j'allais le faire; mais j'ai vu une femme en blanc qui sortait de l'orangerie et qui venait à lui. Alors je me suis dit : C'est peut-être Monsieur et Madame qui ont pris la fantaisie de se promener avant le jour, et je suis revenu me coucher. Mais ce matin, j'ai entendu Lelièvre qui parlait d'un voleur dont il aurait vu les traces dans le parc, et je me suis dit : Il y a quelque chose là-dessous.

— Et pourquoi ne m'as-tu pas averti sur le champ, maladroit ?

— Dames Monsieur, il y a des *argumens si délicates* dans la vie...

— J'entends, tu te permets d'avoir des doutes. Tu es un sot; s'il t'arrive jamais d'avoir une idée insolente de cette sorte, je te coupe les oreilles. Je sais fort bien qui est ce larron et ce qu'il venait chercher dans mon jardin. Je ne t'ai fait toutes ces questions que pour voir de quelle manière tu gardais ton orangerie. Songe que j'ai là des plantes rares auxquelles Madame tient beaucoup, et qu'il y a de certains amateurs assez fous pour venir voler dans les serres de leurs voisins. C'est moi que tu as vu la nuit dernière avec madame Delmare.

Et le pauvre colonel s'éloigna plus tourmenté, plus irrité qu'auparavant, laissant son jardinier fort peu convaincu qu'il existât des botanistes fanatiques au point de s'exposer à un coup de fusil pour s'approprier une marcotte ou une bouture.

Le colonel rentra dans le billard, et sans faire attention aux marques de connaissance que donnait le blessé, il s'apprêtait à fouiller les poches de sa veste étalée sur une chaise, lorsque celui-ci, alongeant le bras, lui dit d'une voix faible :

— Vous désirez savoir qui je suis, Monsieur, c'est inutile. Je vous le dirai quand nous serons seuls ensemble. Jusque-là, épargnez-moi l'embarras de me faire connaître dans la situation ridicule et fâcheuse où je suis placé.

— Cela est vraiment bien dommage, répondit le colonel aigrement. Mais je vous avoue que j'y suis peu sensible. Cependant, comme j'espère que nous nous reverrons tête-à-tête, je veux bien différer jusque-là notre connaissance. En attendant, voulez-vous bien me dire où je dois vous faire transporter?

—Dans l'auberge du plus prochain village, si vous le voulez bien.

— Mais Monsieur n'est pas en état d'être transporté, dit vivement madame Delmare, n'est-il pas vrai, Ralph?

—L'état de Monsieur vous affecte beaucoup trop, Madame, dit le colonel. Sortez, vous autres, dit-il aux femmes de service. Monsieur se sent mieux, et il aura la force maintenant de m'expliquer sa présence chez moi.

— Oui, Monsieur, répondit le blessé, et je prie toutes les personnes qui ont eu la bonté de me donner des soins, de vouloir bien entendre l'aveu de ma faute. Je sens qu'il importe beaucoup ici qu'il n'y ait pas de méprise sur ma conduite; et il m'importe à moi-même de ne pas passer pour ce que je ne suis pas. Sachez donc quelle supercherie m'amenait chez vous. Vous avez établi, Monsieur, par des moyens extrêmement simples et à vous seulement connus, une usine dont les effets et les produits surpassent infiniment ceux de toutes les fabriques de ce genre établies dans le pays. Mon frère possède en Angleterre un établissement à peu près semblable, mais dont l'entretien absorbe des fonds immenses. Ses opérations devenaient éminemment malheureuses lorsque j'ai appris le succès des vôtres ; alors je me suis promis de venir vous demander quelques conseils comme un généreux service qui ne pourrait nuire à vos intérêts, mon frère exploitant des denrées d'une variété différente des vôtres. Mais la porte de votre jardin anglais m'a été rigoureusement fermée, et lorsque j'ai demandé à m'adresser à vous, on m'a répondu que vous ne me permettriez pas même de visiter votre établissement. Rebuté par ces refus désobligeans, je résolus alors, au danger même de ma vie et de mon honneur, de sauver l'honneur et la vie de mon frère. Je me suis introduit chez vous la nuit par-dessus les murs, et j'ai tâché de pénétrer dans l'intérieur de la fabrique, afin d'en examiner les rouages. J'étais déterminé à me cacher dans un coin, à séduire les ouvriers, à voler votre secret en un mot, pour en faire profiter un honnête homme sans vous nuire. Telle a été ma faute; maintenant, Monsieur, si vous exigez une autre réparation que celle que vous venez de vous faire, aussitôt que j'en aurai la force, je suis prêt à vous l'offrir, et peut-être à vous la demander.

— Je crois que nous devons nous tenir quittes, Monsieur, répondit le colonel à demi-soulagé d'une grande anxiété. Soyez témoins, vous autres, de l'explication que Monsieur m'a donnée. Je suis beaucoup trop vengé, en supposant que j'aie besoin d'une vengeance. Sortez maintenant, et laissez-nous causer de mon exploitation avantageuse.

Les domestiques sortirent ; mais eux seuls

furent dupes de cette réconciliation. Le blessé, affaibli par son long discours, ne put apprécier le ton des dernières paroles du colonel. Il retomba sur le bras de madame Delmare et perdit connaissance une seconde fois. Celle-ci, penchée sur lui, ne daigna pas lever les yeux sur la colère de son mari, et les deux figures si différentes de M. Delmare et de M. Brown, l'une pâle et contractée par le dépit, l'autre calme et insignifiante comme à l'ordinaire, s'interrogèrent en silence.

M. Delmare n'avait pas besoin de dire un mot pour se faire comprendre; cependant il tira sir Ralph à l'écart, et lui dit en lui brisant les doigts :

— Mon ami, c'est une intrigue admirablement tissue. Je suis content, parfaitement content de l'esprit avec lequel ce jeune homme a su préserver mon honneur aux yeux de mes gens. Mais, mordieu! il me paiera cher l'affront que je ressens au fond du cœur. Et cette femme qui le soigne et qui fait semblant de ne pas le connaître! Ah! comme la ruse est innée chez ces êtres-là!..

Il grinçait les dents à se les broyer. Sir Ralph, attéré, fit trois tours dans la salle. A son premier tour, il tira cette conclusion méthodique, *invraisemblable;* au second, *impossible;* au troisième, *prouvé*. Puis, revenant au colonel avec sa figure glaciale, il lui montra du doigt Noun qui se tenait debout derrière le malade, les mains tordues, les yeux hagards, les joues livides, et dans l'immobilité du désespoir, de la terreur et de l'égarement.

Il y a dans une découverte réelle une puissance de conviction si prompte, si envahissante, que le colonel fut plus frappé du geste énergique de sir Ralph qu'il ne l'eût été de l'éloquence la plus habile. M. Brown avait sans doute plus d'un moyen de se mettre sur la voie, il venait de se rappeler la présence de Noun dans le parc au moment où il l'avait cherchée; ses cheveux mouillés, sa chaussure humide et fangeuse qui attestaient une étrange fantaisie de promenade pendant la pluie, menus détails qui l'avaient médiocrement frappé au moment où madame Delmare s'était évanouie, mais qui maintenant lui revenaient en mémoire. Puis cet effroi bizarre qu'elle avait témoigné, cette agitation convulsive et le cri qui lui était échappé en entendant le coup de fusil...

M. Delmare n'eut pas besoin de toutes ces indications; plus pénétrant, parce qu'il était plus intéressé à l'être, il n'eut qu'à examiner la contenance de cette fille pour voir qu'elle seule était coupable. Cependant l'assiduité de sa femme auprès du héros de cet exploit galant lui déplaisait de plus en plus.

— Indiana, lui dit-il, retirez-vous. Il est tard, et vous n'êtes pas bien; Noun restera auprès de Monsieur pour le soigner cette nuit, et demain, s'il est mieux, nous aviserons aux moyens de le faire transporter chez lui.

Il n'y avait rien à répondre à cet accommodement inattendu. Madame Delmare, qui savait si bien résister à la violence de son mari, cédait toujours à sa douceur. Elle pria sir Ralph de rester encore un peu auprès du malade et se retira dans sa chambre.

Ce n'était pas sans intention que le colonel avait arrangé les choses ainsi. Une heure après, lorsque tout le monde fut couché, et la maison silencieuse, il se glissa doucement dans la salle occupée par M. de Ramière, et caché derrière un rideau, il put se convaincre, à l'entretien du jeune homme avec la femme de chambre, qu'il s'agissait entre eux d'une intrigue amoureuse. La beauté peu commune de la jeune créole avait fait *sensation* dans les bals champêtres des environs. Les hommages ne lui avaient pas manqué, même parmi les premiers du pays. Plus d'un bel officier de lanciers en garnison à Melun s'était mis en frais pour lui plaire; mais Noun en était à son premier amour, et une seule attention l'avait flattée : c'était celle de M. de Ramière.

Le colonel Delmare était peu envieux de suivre le développement de leur liaison ; aussi se retira-t-il dès qu'il fut bien assuré que sa femme n'avait pas occupé un instant l'Almaviva de cette aventure. Néanmoins, il en entendit assez pour comprendre la différence de cet amour entre la pauvre Noun qui s'y jetait avec toute la violence de son organisation ardente, et le fils de famille qui s'abandonnait à l'entraînement d'un jour sans abjurer le droit de reprendre sa raison le lendemain.

Quand madame Delmare s'éveilla, elle vit Noun à côté de son lit, confuse et triste. Mais elle avait ingénument ajouté foi aux explications de M. de Ramière, d'autant plus que déjà des personnes intéressées dans le commerce avaient tenté de surprendre, par ruse ou par fraude, les secrets de la fabrique

Delmare ; elle attribua donc l'embarras de sa compagne à l'émotion et à la fatigue de la nuit, et Noun se rassura en voyant le colonel entrer avec calme dans la chambre de sa femme et l'entretenir de l'affaire de la veille comme d'une chose toute naturelle.

Dès le matin, sir Ralph s'était assuré de l'état du malade. La chute, quoique violente, n'avait eu aucun résultat grave ; la blessure de la main était déjà cicatrisée ; M. de Ramière avait désiré qu'on le transportât sur-le-champ à Melun, et il avait distribué sa bourse aux domestiques pour les engager à garder le silence sur cet événement, afin, disait-il, de ne pas effrayer sa mère qui habitait à quelques lieues de là. Cette histoire ne s'ébruita donc que lentement et sur des versions différentes. Quelques renseignemens sur la fabrique anglaise d'un M. de Ramière, frère de celui-ci, vinrent à l'appui de la fiction qu'il avait heureusement improvisée.

Le colonel et sir Brown eurent la délicatesse de garder le secret de Noun, sans même lui faire entendre qu'ils en étaient possesseurs, et la famille Delmare cessa bientôt de s'occuper de cet incident.

IV.

—

Il vous est difficile peut-être de croire que M. Raymon de Ramière, jeune homme brillant d'esprit, de talens et de *grandes qualités*, accoutumé aux succès de salon et aux aventures parfumées, eût conçu pour la femme de charge d'une petite maison industrielle de la Brie un attachement bien durable. M. de Ramière n'était pourtant ni un fat, ni un libertin. Nous avons dit qu'il avait de l'esprit, c'est-à-dire qu'il appréciait à leur juste valeur les avantages de la naissance. C'était un homme à principes quand il raisonnait avec lui-même. Mais de fougueuses passions l'entraînaient souvent hors de ses systèmes. Alors il n'était plus capable de réfléchir, ou bien il évitait de se traduire au tribunal de sa conscience; il commettait des fautes comme à l'insu de lui-même, et l'homme de la veille s'efforçait de tromper celui du lendemain. Malheureusement ce qu'il y avait de plus saillant en lui, ce n'étaient pas ces principes qu'il avait en commun avec beaucoup d'autres philosophes en gants blancs et qui ne le préservaient pas plus qu'eux de l'inconséquence; c'étaient ces passions que les principes ne pouvaient pas étouffer et qui faisaient de lui un homme à part dans cette société émoussée où il est si difficile de trancher sans être ridicule. Raymon avait l'art d'être souvent coupable sans se faire haïr, souvent bizarre sans être choquant; parfois même il réussissait à se faire plaindre par les gens qui avaient le plus à se plaindre de lui. Il est des hommes ainsi gâtés par tout ce qui les approche. Une figure heureuse et une élocution vive font quelquefois tous les frais de leur sensibilité. Nous ne prétendons pas juger si rigoureusement M. Raymon de Ramière, ni tracer son portrait avant de l'avoir fait agir. Nous l'examinons maintenant de loin et comme la foule qui le voit passer. Nous ne vous invitons point à vous prendre d'affection ou de haine pour ce personnage, pas plus que pour tel ou tel autre de cette chronique. C'est à nous de les faire passer devant vous, c'est à vous de prononcer sur eux et de donner raison à celui qui vous offrira le plus d'analogie avec vous-même. Vous voyez que nous sommes narrateur sans prévention, et moraliste sans pédanterie.

M. de Ramière était donc amoureux de la jeune créole aux grands yeux noirs qui avait frappé d'admiration toute la province à la fête de Rubelles ; mais amoureux et rien de plus. Il l'avait abordée par désœuvrement peut-être, et le succès avait allumé ses désirs ; il avait obtenu plus qu'il n'avait demandé, et le jour où il triompha de ce cœur facile, il rentra chez lui effrayé de sa victoire, et se frappant le front, il se dit :

— Pourvu qu'elle ne m'aime pas !

Ce ne fut donc qu'après avoir accepté toutes les preuves de son amour, qu'il commença à se douter de cet amour. Alors il se repentit, mais il n'était plus temps : il fallait s'abandonner aux conséquences de l'avenir ou reculer lâchement vers le passé. Raymon n'hésita pas, il se laissa aimer ; il aima lui-même par reconnaissance ; il escalada les murs de la propriété Delmare, par amour du danger ; il fit une chute terrible par maladresse, et il fut si touché de la douleur de sa jeune et belle maîtresse, qu'il se crut désormais justifié à ses propres yeux en continuant de creuser l'abîme où elle devait tomber.

Dès qu'il fut rétabli, l'hiver n'eut pas de glace, la nuit point de danger, le remords pas d'aiguillons qui purent l'empêcher de traverser l'angle de la forêt pour aller trouver la créole, lui jurer qu'il n'avait jamais aimé qu'elle, qu'il la préférait aux reines du monde, et mille autres exagérations tant soit peu classiques qui seront toujours de mode auprès des jeunes filles pauvres et crédules. Au mois de janvier, madame Delmare partit pour Paris avec son mari; sir Ralph Brown, leur honnête voisin, se retira dans sa terre, et Noun, restée à la tête de la maison de campagne de ses maîtres, eut la liberté de s'absenter sous différens prétextes. Ce fut un malheur pour elle, et cette facilité d'entrevues avec son amant abrégea de beaucoup le bonheur éphémère qu'elle devait goûter.

La forêt, avec sa poésie, ses girandoles de givre, ses effets de lune, le mystère de la petite porte, le départ furtif du matin, lorsque les petits pieds de Noun imprimaient leur trace sur la neige du parc pour le reconduire, tous ces accessoires d'une intrigue amoureuse avaient prolongé l'enivrement de M. de Ramière. Noun, en déshabillé blanc, parée de ses longs cheveux noirs, était une dame, une reine, une fée : lorsqu'il la voyait sortir de ce castel de briques rouges, édifice lourd et carré du temps de la Régence, qui avait une demi-tournure féodale, il la prenait volontiers pour une châtelaine du moyen-âge, et dans le kiosque rempli de fleurs exotiques où elle venait l'enivrer des séductions de la jeunesse et de la passion, il oubliait volontiers tout ce qu'il devait se rappeler plus tard.

Mais lorsque, méprisant les précautions et bravant à son tour le danger, Noun vint le trouver chez lui, avec son tablier blanc et son madras arrangé coquettement à la manière de son pays, elle ne fut plus qu'une femme de chambre, et la femme de chambre d'une jolie femme, ce qui donne toujours à la soubrette l'air d'un pis-aller. Noun était pourtant bien jolie ainsi ! C'était ainsi qu'il l'avait vue pour la première fois à cette fête de village où il avait fendu la presse des curieux pour l'approcher, et où il avait eu le petit triomphe de l'arracher à vingt rivaux. Noun lui rappelait ce jour avec tendresse : elle ignorait, la pauvre Noun, que l'amour de Raymon ne datait pas de si loin, et que ce jour d'orgueil pour elle n'avait été pour lui qu'un jour de vanité. Et puis ce courage avec lequel elle lui sacrifiait sa réputation, ce courage qui eût dû la faire aimer davantage, déplut à M. de Ramière. La femme d'un pair de France qui s'immolerait de la sorte serait une conquête de prix ; mais une femme de chambre ! Ce qui est héroïsme chez l'une devient effronterie chez l'autre. Avec l'une, un monde de rivaux jaloux vous envie, avec l'autre, un peuple de laquais scandalisés vous condamne. La femme de qualité vous sacrifie vingt amans qu'elle avait, la femme de chambre ne vous sacrifie qu'un mari qu'elle aurait eu.

Que voulez-vous? Raymon était un homme de choix, de mœurs élégantes, de vie recherchée, d'amours poétiques. Pour lui une grisette n'était pas une femme, et Noun, à la faveur d'une beauté de premier ordre, l'avait surpris dans un jour de laisser-aller populaire. Tout cela n'était pas la faute de Raymon : on l'avait élevé pour le monde; on avait dirigé toutes ses pensées vers un but élevé; on avait pétri toutes ses facultés pour un bonheur de prince, et c'était malgré lui que l'ardeur du sang l'avait entraîné dans de bourgeoises amours. Il avait fait tout son possible pour s'y plaire; il ne le pouvait plus, que faire maintenant? Des idées généreusement extravagantes lui avaient bien traversé le cerveau; aux jours où il était le plus épris de sa belle, il avait bien songé à l'élever jusqu'à lui, à légitimer leur union.... Oui, sur mon honneur, il y avait songé; mais l'amour, qui légitime tout, s'affaiblissait maintenant; il s'en allait avec les dangers de l'aventure et le piquant du mystère. Plus d'hymen possible, et faites attention : Raymon raisonnait fort bien et tout-à-fait dans l'intérêt de sa maîtresse.

S'il l'eût aimée vraiment, il eût pu, en lui sacrifiant son avenir, sa famille et sa réputation, trouver encore du bonheur avec elle, et par conséquent lui en donner. Car l'amour est un contrat tout aussi bien que le mariage. Mais refroidi comme il se sentait alors, quel avenir pouvait-il créer à cette femme? L'épouserait-il pour lui montrer chaque jour un visage triste, un cœur froissé, un intérieur désolé? L'épouserait-il pour la rendre odieuse à sa famille, méprisable à ses égaux, ridicule à ses domestiques, pour la risquer dans une société où elle se sentirait déplacée, où l'humiliation la tuerait, pour l'accabler de remords en lui faisant sentir tous les maux qu'elle avait attirés sur son amant?

Non, vous conviendrez avec lui que ce n'était pas possible, que ce n'eût pas été généreux, qu'on ne lutte point ainsi contre la société, et que cet héroïsme de vertu est le donquichottisme qui se brise contre l'aile d'un moulin, courage de fer qu'un coup de vent disperse, chevalerie d'un autre siècle qui fait pitié à celui-ci.

Après avoir ainsi pesé toutes choses, M. de Ramière comprit qu'il valait mieux briser ce lien malheureux. Les visites de Noun commençaient à lui devenir pénibles. Sa mère, qui était allée passer l'hiver à Paris, ne manquerait pas d'apprendre bientôt ce petit scandale. Déjà elle s'étonnait des fréquens voyages qu'il faisait à Cercy, leur maison de campagne, et des semaines entières qu'il y passait. Il avait bien prétexté un travail sérieux qu'il venait achever loin du bruit des villes, mais ce prétexte commençait à s'user. Il en coûtait à Raymon de tromper une si bonne mère, de la priver si long-temps de ses soins ; que vous dirai-je ? Il quitta Cercy et n'y revint plus.

Noun pleura, attendit, et, malheureuse qu'elle était, voyant le temps s'écouler, se hasarda d'écrire. Pauvre fille! ce fut le dernier coup. La lettre d'une femme de chambre! Elle avait pourtant pris le papier satiné et la cire odorante dans l'écritoire de madame Delmare, le style dans son cœur..... Mais l'orthographe! Savez-vous bien ce qu'une lettre de plus ou de moins ôte ou donne d'énergie à votre sentiment! Hélas! la pauvre fille à demi sauvage de l'Ile-Bourbon ignorait même qu'il y eût des règles à la langue. Elle croyait écrire et parler aussi bien que sa maîtresse, et quand elle vit que Raymon ne revenait pas, elle se disait :

— Ma lettre était pourtant bien faite pour le ramener.

Cette lettre ! Raymon n'eut pas le courage de la lire jusqu'au bout. C'était peut-être un chef-d'œuvre de passion naïve et gracieuse ; Virginie n'en écrivit peut-être pas une plus charmante à Paul, lorsqu'elle eut quitté sa patrie..... Mais M. de Ramière se hâta de la jeter au feu, dans la crainte de rougir de lui-même. Que voulez-vous, encore une fois ! Ceci est un préjugé de l'éducation, et l'amour-propre est dans l'amour comme l'intérêt personnel est dans l'amitié.

On avait remarqué dans le monde l'absence de M. de Ramière ; c'est beaucoup dire d'un homme, dans ce monde où ils se ressemblent tous. On peut être homme d'esprit et faire cas du monde, de même qu'on peut être un sot et le mépriser. Raymon l'aimait, et il avait raison. Il y était recherché ; il y plaisait, et pour lui cette foule de masques indifférens ou railleurs avait des regards d'attention et des sourires d'intérêt. Les malheureux peuvent être misanthropes, mais les êtres qu'on aime sont rarement ingrats, du moins Raymon le pensait. Il était reconnaissant des moindres témoignages d'attachement, envieux de l'estime de tous, fier d'un grand nombre d'amitiés.

Avec ce monde dont les préventions sont absolues, tout lui avait réussi, même ses fautes; et quand il cherchait la cause de cette affection universelle qui l'avait toujours protégé, il la trouvait en lui-même, dans le désir qu'il avait de l'obtenir, dans la joie qu'il en ressentait, dans cette bienveillance robuste qu'il prodiguait sans l'épuiser.

Il la devait aussi à sa mère dont l'esprit supérieur, la conversation attachante et les vertus privées faisaient une femme à part. C'était d'elle qu'il tenait ces excellens principes qui le ramenaient toujours au bien, et l'empêchaient, malgré la fougue de ses vingt-cinq ans, de démériter de l'estime publique. On était aussi plus indulgent pour lui que pour tout autre, parce que sa mère avait l'art de l'excuser en le blâmant, de commander l'indulgence en ayant l'air de l'implorer. C'était une de ces femmes qui ont traversé des époques si différentes, que leur esprit a pris toute la souplesse de leur destinée, femmes qui se sont enrichies de l'expérience du malheur, qui ont échappé aux échafauds de 93, aux vices du Consulat, aux vanités de l'Empire, aux rancunes de la Restauration; femmes rares, et dont l'espèce se perd.

Ce fut à un bal chez l'ambassadeur d'Espagne que Raymon fit sa rentrée dans le monde.

— M. de Ramière! si je ne me trompe, dit une jolie femme à sa voisine.

— C'est une comète qui paraît à intervalles inégaux, répondit celle-ci. Il y a des siècles qu'on n'a entendu parler de ce joli garçon-là.

La femme qui parlait ainsi était étrangère et âgée. Sa compagne rougit un peu.

— Il est très-bien, dit-elle; n'est-ce pas, Madame?

— Charmant, sur ma parole, dit la vieille Sicilienne.

— Vous parlez, dit un beau colonel de la garde, du héros des salons éclectiques, je parie, le brun Raymon?

— C'est une belle tête d'étude, reprit la jeune femme.

— Et ce qui vous plaît encore davantage, peut-être, une mauvaise tête, dit le colonel.

Cette jeune femme était la sienne.

— Pourquoi mauvaise tête? demanda l'étrangère.

— Des passions toutes méridionales, Madame, et dignes du beau soleil de Palerme.

Deux ou trois jeunes femmes avancèrent leurs jolies têtes chargées de fleurs pour entendre ce que disait le colonel.

— Il a fait vraiment des ravages à la garnison, cette année, continua-t-il. Nous serons obligés, nous autres, de lui chercher une mauvaise querelle pour nous en débarrasser.

— Si c'est un Lovelace, tant pis, dit une jeune personne à la physionomie moqueuse ; je ne peux pas souffrir les gens que tout le monde aime.

La comtesse ultramontaine attendit que le colonel fût un peu loin, et donnant un léger coup de son éventail sur les doigts de mademoiselle de Nangy :

— Ne parlez pas ainsi, lui dit-elle ; vous ne savez pas ce que c'est, ici, qu'un homme qui veut être aimé.

— Vous croyez donc qu'il ne s'agit pour eux que de vouloir, dit la jeune fille aux longs yeux sardoniques.

— Mademoiselle, dit le colonel qui se rapprochait pour l'inviter à danser, prenez garde que le beau Raymon ne vous entende.

Mademoiselle de Nangy se prit à rire; mais de toute la soirée, le joli groupe dont elle faisait partie n'osa plus parler de M. de Ramière.

V.

M. de Ramière errait sans dégoût et sans ennui dans les plis ondoyans de cette foule parée. Il est de mode pour le moment de vous peindre un héros de roman tellement idéal, tellement supérieur à l'espèce commune, qu'il ne fasse que bâiller là où les autres s'amusent, que philosopher quand il est séant d'être enjoué. Ces héros-là vous ennuient, j'en suis sûr, parce qu'ils ne vous ressemblent pas, et qu'à force de lever la tête pour les regarder planer, vous en avez des éblouissemens. Je vous place le mien terre à terre et vivant de la même vie que vous. C'est un homme aimable, gai sans effort, grave sans pesanteur, agissant dans la société comme dans sa famille, sachant se modifier selon les goûts d'autrui, non par hypocrisie, mais par bonté de cœur. C'est l'homme éminemment sociable.

Cependant, ce soir-là Raymon se débattait contre le chagrin. En rentrant dans son monde à lui, il avait comme des remords, comme de la honte de toutes les folles idées qu'un attachement disproportionné lui avait suggérées. Il regardait ces femmes si brillantes aux lumières; il écoutait leur entretien délicat et fin; il entendait vanter leurs talens, et dans ces merveilles choisies, dans ces toilettes presque royales, dans ces propos exquis, il trouvait partout le reproche d'avoir dérogé à sa propre destinée. Mais, malgré cette espèce de confusion, Raymon souffrait d'un remords plus réel, car il avait une extrême délicatesse d'intentions, et les larmes d'une femme brisaient son cœur, quelque refroidi qu'il fût.

Les honneurs de la soirée étaient en ce moment pour une jeune femme dont personne ne savait le nom, et qui, par la nouveauté de son apparition dans le monde, jouissait du privilége de fixer l'attention d'un certain noyau de la société. La simplicité de sa mise eût suffi pour la détacher en relief au milieu des diamans, des plumes et des fleurs qui paraient les autres femmes. Des rangs de perles tressées dans ses cheveux noirs composaient tout son écrin. Le blanc mat de son collier, celui de sa robe de crêpe et celui de ses épaules nues se confondaient à quelque distance, et la chaleur atmosphérique des appartemens avait à peine réussi à élever sur ses joues une nuance délicate comme celle d'une rose de Bengale éclose sur la neige. C'était une créature toute petite, toute mignonne, toute déliée; une beauté de salon que la lueur vivace des bougies rendait féerique, et qu'un rayon du soleil eût ternie. En dansant elle était si légère qu'un souffle eût suffi pour l'enlever; mais elle était légère sans vivacité, sans plaisir; assise, elle se courbait comme si son corps trop souple n'eût pas eu la force de se soutenir; et quand elle parlait, elle souriait et elle avait l'air triste. Les contes fantastiques étaient à cette époque dans toute la fraîcheur de leur succès; aussi les érudits du genre comparèrent cette jeune femme à une ravissante apparition évoquée par la magie, qui, lorsque le jour blanchirait l'horizon, devait pâlir et s'effacer comme un rêve.

En attendant ils se pressaient autour d'elle pour la faire danser.

— Dépêchez-vous, disait un des *beaux* de la pleïade, le coq va chanter, et déjà ses pieds ne touchent plus le parquet. Je parie que vous ne sentez plus sa main dans la vôtre.

— Regardez donc la figure brune et caractérisée de M. de Ramière, dit une femme *artiste* à son voisin. N'est-ce pas qu'auprès de cette jeune personne si pâle et si menue, le ton *solide* de l'un fait admirablement ressortir le ton *fin* de l'autre ?

— Cette jeune personne, dit une femme qui connaissait tout le monde, et qui remplissait dans les réunions le rôle d'un almanach, c'est la fille de ce vieux fou de Carvajal qui a voulu trancher du Joséphin, et qui s'en est allé mourir ruiné à l'Ile-Bourbon : cette belle fleur exotique est assez sottement mariée, je crois, mais sa tante est bien en cour.

Raymon s'était approché de la belle Indienne. Une émotion singulière s'emparait de lui chaque fois qu'il la regardait ; il avait vu cette figure pâle et triste dans quelqu'un de ses rêves, mais à coup sûr il l'avait vue, et ses regards s'y attachaient avec le plaisir qu'on éprouve à retrouver une vision caressante qu'on a craint de perdre à jamais. L'attention de Raymon troubla celle qui en était l'objet; gauche et timide comme une personne étrangère à la société, le succès qu'elle y obtenait semblait l'embarrasser plus que lui plaire. Raymon fit un tour de salon, apprit enfin que cette femme s'appelait madame Delmare, et vint l'inviter à danser.

— Vous ne vous souvenez pas de moi, lui dit-il, lorsqu'ils furent seuls au milieu de la foule; mais moi je n'ai pu vous oublier, Madame. Je ne vous ai pourtant vue qu'un instant, au travers d'un nuage : mais cet instant vous a montrée à moi si bonne, si compatissante....

Madame Delmare tressaillit.

— Ah! oui, Monsieur, dit-elle vivement, c'est vous!... Moi aussi je vous reconnaissais.

Puis elle rougit et parut craindre d'avoir

manqué aux convenances. Elle regarda autour d'elle comme pour voir si quelqu'un l'avait entendue. Sa timidité ajoutait à sa grâce naturelle, et Raymon se sentit touché au cœur de l'accent de cette voix créole un peu voilée, si douce qu'elle semble faite pour prier ou pour bénir.

— J'avais bien peur, lui dit-il, de ne jamais trouver l'occasion de vous remercier. Je ne pouvais me présenter chez vous, et je savais que vous n'alliez point dans le monde. Je craignais aussi en vous approchant de me mettre en contact avec M. Delmare, et notre situation mutuelle ne pouvait rendre ce contact agréable. Combien je suis heureux de cet instant qui me permet d'acquitter la dette de mon cœur!....

— Il serait plus doux pour moi, lui dit-elle, si M. Delmare pouvait en prendre sa part, et si vous le connaissiez mieux, vous sauriez qu'il est aussi bon qu'il est brusque. Vous lui pardonneriez d'avoir été votre meurtrier involontaire, car son cœur a certainement plus saigné que votre blessure.

— Ne parlons pas de M. Delmare, Madame, je lui pardonne de tout mon cœur. J'avais des torts envers lui : il s'en est fait justice. Je n'ai plus qu'à l'oublier; mais vous, Madame, vous qui m'avez prodigué des soins si délicats et si généreux, je veux me rappeler toute ma vie votre conduite envers moi, vos traits si beaux, votre douceur angélique et ces mains qui ont versé le baume sur mes blessures, et que je n'ai pas pu baiser....

En parlant, Raymon tenait la main de madame Delmare, prêt à se mêler avec elle dans la contredanse. Il pressa doucement cette main dans les siennes, et tout le sang de la jeune femme reflua vers son cœur.

Quand il la ramena à sa place, madame de Carvajal, la tante de madame Delmare, s'était éloignée, le bal s'éclaircissait. Raymon s'assit auprès d'elle. Il avait cette aisance que donne une certaine expérience du cœur ; c'est la violence de nos désirs, c'est la précipitation de notre amour qui nous rendent stupides auprès des femmes. L'homme qui a un peu usé ses sensations est plus pressé de plaire que d'aimer. Cependant M. de Ramière se sentait plus profondément ému auprès de cette femme simple et neuve qu'il ne l'avait encore été aussi subitement. Peut-être devait-il cette rapide impression au souvenir de la nuit qu'il avait passée chez elle ; ce qu'il y a de certain, c'est qu'en lui parlant avec vivacité, son cœur ne trahissait pas sa bouche. Mais l'habitude acquise auprès des autres donnait à ses paroles cette puissance de conviction à laquelle l'ignorante Indiana s'abandonnait sans comprendre que tout cela n'avait pas été inventé pour elle.

En thèse générale, vous savez, Mesdames, qu'un homme qui vous parle d'amour avec esprit est médiocrement amoureux. Raymon était une exception, il exprimait la passion avec art, et il la ressentait avec chaleur. Seulement ce n'était pas la passion qui le rendait éloquent, c'était l'éloquence qui le rendait passionné. Il se sentait du goût pour une femme, il devenait éloquent pour la séduire, et il devenait amoureux d'elle en la séduisant. C'était du sentiment comme en font les avocats et les prédicateurs, qui pleurent à chaudes larmes dès qu'ils suent à grosses gouttes. Il rencontrait bien des femmes assez fines pour se méfier de ces chaleureuses improvisations. Mais Raymon avait fait par amour ce qu'on appelle des folies : il avait enlevé une jeune personne bien née ; il avait compromis des femmes établies très-haut ; il avait eu trois duels éclatans ; il avait laissé voir à tout un rout, à toute une salle de spectacle, le désordre de son cœur et le délire de ses pensées. Un homme qui fait tout cela, sans craindre d'être ridicule ou maudit, et qui réussit à n'être ni l'un ni l'autre, est hors de toute atteinte ; il peut tout risquer et tout espérer. Aussi les plus savantes résistances cédaient à cette considération que Raymon était amoureux comme un fou quand il s'en mêlait. Dans le monde, un homme capable de folie en amour est un phénomène assez rare, et que les femmes ne dédaignent pas.

Je vous demande pardon de ces développemens de caractère un peu longs. Mais comme je me suis interdit les réflexions, je suis forcé d'entrer dans la peinture de détail. Cela vous importe autant qu'à moi puisque c'est à vous de tirer de ce conte la *morale* que vous pourrez.

Je ne sais comment il fit, mais en reconduisant madame de Carvajal et madame Delmare à leur voiture, il réussit à porter la petite main d'Indiana à ses lèvres. Jamais baiser d'homme furtif et brûlant n'avait effleuré les doigts de cette femme, quoiqu'elle fût née sous un climat de feu et qu'elle eût dix-neuf ans; dix-neuf ans de l'Ile-Bourbon, qui équivalent à vingt-cinq de notre température.

Souffrante et nerveuse comme elle l'était,

ce baiser lui arracha presqu'un cri, et il fallut la soutenir pour monter en voiture. Tant de finesse d'organes n'avait jamais frappé Raymon ; Noun la créole était d'une santé robuste, et les Parisiennes ne s'évanouissent pas quand on leur baise la main.

—Si je la voyais deux fois, se dit-il en s'éloignant, j'en perdrais la tête.

Le lendemain il avait complètement oublié Noun ; tout ce qu'il savait d'elle, c'est qu'elle appartenait à madame Delmare. La pâle Indiana occupait toutes ses pensées, remplissait tous ses rêves. Quand Raymon commençait à se sentir amoureux, il avait coutume de s'étourdir, non pour étouffer cette passion naissante, mais au contraire pour chasser la raison qui lui prescrivait d'en peser les conséquences. Ardent au plaisir, il poursuivait son but avec âpreté. Il n'était pas maître d'étouffer les orages qui s'élevaient dans son sein, pas plus qu'il n'était le maître de les rallumer quand il les sentait se dissiper et s'éteindre.

Il réussit donc dès le lendemain à apprendre que M. Delmare était allé faire un voyage à Bruxelles pour ses intérêts commerciaux. En partant, il avait confié sa femme à madame de Carvajal qu'il aimait fort peu, mais qui était la seule parente de madame Delmare. Lui, soldat parvenu, il n'avait qu'une famille obscure et pauvre, dont il avait l'air de rougir à force de répéter qu'il n'en rougissait pas. Mais quoiqu'il passât sa vie à reprocher à sa femme un mépris qu'elle n'avait nullement, il sentait qu'il ne devait pas la contraindre à se rapprocher intimement de ces parens sans éducation. D'ailleurs, malgré son éloignement pour madame de Carvajal, il ne pouvait se refuser à une grande déférence dont voici les raisons :

Madame de Carvajal, issue d'une grande famille espagnole, était une de ces femmes qui ne peuvent pas se résoudre à n'être rien.

Au temps où Napoléon régentait l'Europe, elle avait encensé la gloire de Napoléon et embrassé avec son mari et son beau-frère le parti des Joséphinos ; mais son mari s'étant fait tuer à la chute de la dynastie éphémère du conquérant, le père d'Indiana s'était réfugié aux colonies françaises ; alors madame de Carvajal, adroite et active, se retira à Paris où, par je ne sais quelles spéculations de Bourse, elle s'était créé une aisance nouvelle sur les débris de sa splendeur passée. A force d'esprit, d'intrigues et de dévotion, elle avait obtenu, en outre, les faveurs de la cour, et sa maison, sans être brillante, était une des plus honorables qu'on pût citer parmi celles des protégés de la liste civile.

Lorsqu'après la mort de son père Indiana arriva en France, mariée au colonel Delmare, madame de Carvajal fut médiocrement flattée d'une si chétive alliance. Néanmoins lorsqu'elle vit prospérer les minces capitaux de

M. Delmare, dont l'activité et le bon sens en affaires valaient une dot, elle fit pour Indiana l'acquisition du petit château du Lagny et de la fabrique qui en dépendait. En deux années, grâce aux connaissances mécaniques de M. Delmare et aux avances de fonds de sir Rodolphe Brown, cousin par alliance de sa femme, les affaires du colonel prirent une heureuse tournure, ses dettes commencèrent à s'acquitter, et madame de Carvajal, aux yeux de qui la fortune était la première recommandation, témoigna beaucoup d'affection à sa nièce et lui promit le reste de son héritage. Indiana, indifférente à l'ambition, entourait sa tante de soins et de prévenances par reconnaissance et non par intérêt. Mais il y avait au moins autant de l'un que de l'autre dans les ménagemens du colonel. C'était un homme de fer en fait de sentimens politiques; il n'entendait pas raison sur la gloire inattaquable de son grand empereur, et il la défendait avec l'obstination aveugle d'un enfant de soixante ans. Il lui fallait donc de grands efforts de patience pour ne pas éclater sans cesse dans l'entourage de madame de Carvajal, converti en salon de la Restauration. Ce que le pauvre Delmare souffrit de la part de cinq ou six vieilles dévotes est inappréciable. Ces contrariétés étaient cause en partie de l'humeur qu'il avait souvent contre sa femme.

Ces choses établies, revenons à M. de Ramière. Au bout de trois jours il était au courant de tous ces détails domestiques, tant il avait poursuivi activement tout ce qui pouvait le mettre sur la voie d'un rapprochement avec la famille Delmare. Il savait qu'en se faisant protéger par madame de Carvajal, il pourrait voir Indiana. Le troisième jour au soir il se fit présenter chez elle.

Il n'y avait dans ce salon que quatre à cinq figures ostro-gothiques, jouant gravement au reversi, et deux ou trois fils de famille, aussi nuls qu'il est permis de l'être quand on a seize quartiers de noblesse. Indiana remplissait patiemment un fond de tapisserie sur le métier de sa tante. Elle était penchée sur son ouvrage, absorbée en apparence par cette occupation mécanique, et contente, peut-être, de pouvoir échapper ainsi au froid bavardage de ses voisins. Je ne sais si, cachée sous ses longs cheveux noirs qui pendaient sur les fleurs de son métier, elle repassait dans son ame les émotions de cet instant rapide et court qui l'avait initiée à une vie nouvelle, lorsque la voix du domestique qui annonça plusieurs personnes l'avertit de se lever; elle le fit machinalement, car elle n'avait pas écouté les noms, et à peine si elle détachait ses yeux de la broderie, lorsqu'une voix la frappa d'un coup électrique, et elle fut obligée de s'appuyer sur sa table à ouvrage pour ne pas tomber.

IV

VI.

Raymon ne s'était pas attendu à ce salon silencieux, parsemé de figures rares et discrètes. Impossible de placer une parole qui ne fût entendue dans tous les coins de l'appartement vide et sonore. Les douairières qui jouaient aux cartes semblaient n'être là que pour gêner les propos des jeunes gens, et sur leurs traits rigides Raymon croyait lire la secrète satisfaction de la vieillesse qui se venge en réprimant le plaisir des autres. Il avait compté sur une entrevue plus facile, sur un entretien plus tendre que celui du bal, et c'était le contraire. Cette difficulté imprévue donna plus d'intensité à ses désirs, plus de feu à ses regards, plus de nerf et de vie aux interpellations détournées qu'il adressait à madame Delmare. La pauvre enfant était tout-à-fait novice à ce genre d'attaque. Elle n'avait pas de défense possible, parce qu'on ne lui demandait rien. Mais elle était forcée d'écouter l'offre d'un cœur ardent, d'apprendre combien elle était aimée, et de se laisser entourer par tous les dangers de la séduction sans faire de résistance. Son embarras croissait avec la hardiesse de Raymon. Madame de Carvajal qui avait des prétentions fondées à l'esprit, et à qui l'on avait vanté celui de M. de Ramière, quitta le jeu pour engager avec lui une élégante discussion sur l'amour, où elle fit entrer beaucoup de passion espagnole et de métaphysique allemande. Raymon accepta le défi avec empressement, et sous le prétexte de répondre à la tante, il dit à la nièce tout ce qu'elle eût refusé d'entendre. La pauvre jeune femme, dénuée de protections, exposée de tous côtés à une attaque si vive et si habile, ne put trouver la force de se mêler à cet entretien épineux. En vain la tante, jalouse de la faire briller, l'appela en témoignage de certaines subtilités de sentiment théorique. Elle avoua, en rougissant, qu'elle ne savait rien de tout cela, et Raymon, ivre de joie en voyant ses joues se colorer et son sein se gonfler, jura qu'il le lui apprendrait.

Indiana dormit encore moins cette nuit-là que les précédentes ; nous l'avons dit, elle n'avait pas encore aimé, et son cœur était depuis long-temps mûr pour un sentiment que n'avait pu lui inspirer aucun des hommes qu'elle avait rencontrés. Élevée par un père bizarre et violent, elle n'avait jamais connu le bonheur que donne l'affection d'autrui. M. de Carvajal, saturé de passions politiques, bourrelé de regrets ambiteux, était devenu aux colonies le planteur le plus rude et le voisin le plus fâcheux ; sa fille avait cruellement souffert de son humeur chagrine. Mais en voyant le continuel tableau des maux de la servitude, en supportant les ennuis de l'isolement et de la dépendance, elle avait acquis une patience extérieure à toute épreuve, une indulgence et une bonté adorable avec ses inférieurs; mais aussi une volonté de fer, une force de résistance incalculable contre tout ce qui tendait à l'opprimer. En épousant Delmare elle ne fit que changer de maître; en venant habiter le Lagny, que changer de prison et de solitude. Elle n'aima pas son mari, par la seule raison peut-être qu'on lui faisait un devoir de l'aimer, et que résister mentalement à toute espèce de contrainte morale était devenu chez elle une seconde nature, un principe de conduite, un sentiment intime. On n'avait point cherché à lui en donner d'autre que celui de l'obéissance aveugle.

Elevée au désert, négligée de son père, vivant au milieu des esclaves, pour qui elle n'avait d'autre secours, d'autre consolation que sa compassion et ses larmes, elle s'était habituée à dire : — Un jour viendra où tout sera changé dans ma vie, où je ferai du bien aux autres, un jour où l'on m'aimera, où je donnerai tout mon cœur à celui qui me donnera le sien; en attendant souffrons. Taisons-nous, et gardons mon amour pour récompense à qui me délivrera. —Ce libérateur, ce messie n'était pas venu; Indiana l'attendait encore. Elle n'osait plus, il est vrai, s'avouer toute sa pensée. Elle avait compris sous les charmilles taillées du Lagny que la pensée même devait avoir là plus d'entraves que sous les palmistes sauvages de l'Ile-Bourbon; et lorsqu'elle se surprenait à dire encore par habitude : Un jour viendra... un homme viendra... elle refoulait ce vœu téméraire au fond de son ame, et se disait : Il faudra donc mourir !

Aussi elle se mourait, la pauvre Indiana. Un mal inconnu dévorait sa jeunesse. Elle était sans force et sans sommeil. Les médecins lui cherchaient en vain une désorganisation apparente. Il n'en existait pas, toutes ses facultés s'appauvrissaient également, tous ses organes se lésaient avec lenteur; son cœur brûlait à petit feu, ses yeux s'éteignaient, son sang ne circulait plus que par crise et par fièvre; encore quelque temps, et la pauvre captive allait mourir. Mais quelque fût sa résignation ou son découragement, le besoin restait le même. Ce cœur silencieux et brisé appelait toujours à son insu un cœur jeune et généreux pour le réchauffer. L'être qu'elle avait le plus aimé jusque-là, c'était Noun, la compagne enjouée et courageuse de ses ennuis; et l'homme qui lui avait témoigné le plus de prédilection, c'était son flegmatique cousin sir Ralph. Quels alimens pour la dévorante activité de ses pensées qu'une pauvre fille ignorante et délaissée comme elle, et un Anglais passionné seulement pour la chasse du renard !

Madame Delmare était en vérité malheureuse, et la première fois qu'elle sentit dans son atmosphère glacée pénétrer le souffle embrasé d'un homme jeune et ardent, la première fois qu'une parole tendre et caressante enivra son oreille, et qu'une bouche frémissante vint comme un fer rouge marquer sa main, elle ne pensa ni aux devoirs qu'on lui avait imposés, ni à la prudence qu'on lui avait recommandée, ni à l'avenir qu'on lui avait prédit; elle ne se rappela que le passé odieux, ses longues souffrances, ses maîtres despotiques. Elle ne pensa pas non plus que cet homme pouvait être menteur ou frivole. Elle le vit comme elle le désirait, comme elle l'avait rêvé, et Raymon eût pu la tromper, s'il n'eût pas été sincère.

Mais comment ne l'eût-il pas eté auprès d'une femme si belle et si aimante? Quelle autre s'était jamais montrée à lui avec autant de candeur et d'innocence? Chez qui avait-il trouvé à placer un avenir si riant et si sûr? N'était-elle pas née pour l'aimer, cette femme esclave qui n'attendait qu'un signe pour briser sa chaîne, qu'un mot pour le suivre? Le ciel sans doute l'avait formée pour Raymon, cette triste enfant de l'Ile-Bourbon, que personne n'avait aimée et qui, sans lui, devait mourir.

Néanmoins un sentiment d'effroi succéda, dans le cœur de madame Delmare, à ce bonheur fiévreux qui venait de l'envahir. Elle songea à son époux si ombrageux, si clairvoyant, si vindicatif, et elle eut peur, non pour elle qui était aguerrie aux menaces, mais pour l'homme qui allait entreprendre une guerre à mort avec son tyran. Elle connaissait si peu la société qu'elle se faisait de la vie un roman tragique; timide créature qui n'osait aimer dans la crainte d'exposer son amant à périr, elle ne songeait nullement pour elle-même au danger de se perdre.

Ce fut donc là tout le secret de sa résistance, tout le motif de sa vertu. Elle prit le lendemain la résolution d'éviter M. de Ramière. Il y avait le soir même bal chez un des premiers banquiers de Paris. Madame de Carvajal, qui aimait le monde comme une vieille femme sans affections, voulait y conduire Indiana ; mais Raymon y devait être, et Indiana se promit de n'y pas aller. Pour éviter les persécutions de sa tante, madame Delmare, qui ne savait résister que de fait, feignit d'accepter la proposition; elle laissa préparer sa toilette et elle attendit que madame de Carvajal eût fait la sienne : alors elle passa une robe de chambre, s'installa au coin du feu, et l'attendit de pied ferme. Quand la vieille Espagnole, raide et parée comme un portrait de Vandick, vint pour la prendre, Indiana déclara qu'elle se trouvait malade et ne se sentait pas la force de sortir. En vain la tante insista pour qu'elle fît un effort.

— Je le voudrais de tout mon cœur, répondit-elle; mais vous voyez que je ne puis me soutenir. Je ne vous serais qu'embarrassante aujourd'hui. Allez au bal sans moi, ma bonne tante, je me réjouirai de votre plaisir.

— Aller sans toi! dit madame de Carvajal qui mourait d'envie de n'avoir pas fait une toilette inutile, et qui reculait devant l'effroi d'une soirée solitaire. Mais qu'irai-je faire dans le monde, moi, vieille femme, que l'on ne recherche que pour t'approcher? Que deviendrai-je sans les beaux yeux de ma nièce pour me faire valoir?

— Votre esprit y suppléera, ma bonne tante, dit Indiana.

Et la marquise de Carvajal qui ne demandait qu'à se laisser persuader, partit enfin. Alors Indiana cacha sa tête dans ses deux mains, et se mit à pleurer, car elle avait fait un grand sacrifice, et croyait avoir déjà ruiné le riant édifice de la veille.

Mais il n'en pouvait être ainsi pour Raymon. La première chose qu'il vit au bal, ce fut l'orgueilleuse aigrette de la vieille marquise. En vain il chercha autour d'elle la robe blanche et les cheveux noirs d'Indiana. Il approcha; il entendit qu'elle disait à demi-voix à une autre femme :

— Ma nièce est malade, ou plutôt, ajouta-t-elle pour autoriser sa présence au bal, c'est un caprice de jeune femme. Elle a voulu rester seule, un livre à la main, dans le salon, comme une belle sentimentale qu'elle est.

— Me fuirait-elle? pensa Raymon.

Aussitôt il quitte le bal. Il arrive chez la marquise; passe sans rien dire au concierge, demande madame Delmare au premier domestique qu'il trouve à demi endormi dans l'antichambre.

— Madame Delmare est malade.

— Je le sais. Je viens chercher de ses nouvelles de la part de madame de Carvajal.

— Je vais prévenir Madame....

— C'est inutile, madame Delmare me recevra.

Et Raymon entre sans se faire annoncer. Tous les autres domestiques étaient couchés. Un triste silence régnait dans ces appartemens déserts. Une seule lampe couverte de son chapiteau de taffetas vert éclairait faiblement le grand salon. Indiana avait le dos tourné à la porte ; cachée tout entière dans un large fauteuil, elle regardait tristement brûler les tisons, comme le soir où Raymon était entré au Lagny par-dessus les murs : plus triste maintenant, car à une souffrance vague, à des désirs sans but avaient succédé une joie fugitive, un rayon de bonheur perdu.

Raymon, chaussé pour le bal, approcha sans bruit sur le tapis sourd et moelleux. Il la vit pleurer, et lorsqu'elle tourna la tête elle le trouva à ses pieds s'emparant avec force de ses mains, qu'elle s'efforçait en vain de lui retirer. Alors, j'en conviens, elle vit avec une ineffable joie échouer son plan de résistance. Elle sentit qu'elle aimait avec passion cet homme qui ne s'inquiétait point des obstacles, et qui venait lui donner du bonheur malgré elle. Elle bénit le ciel qui rejetait son sacrifice, et au lieu de gronder Raymon elle faillit le remercier.

Pour lui, il savait déjà qu'il était aimé. Il n'avait pas besoin de voir la joie qui brillait au travers de ses larmes pour comprendre qu'il était le maître, et qu'il pouvait oser.... Il ne lui donna pas le temps de l'interroger, et changeant de rôle avec elle, sans lui expliquer sa présence inattendue, sans chercher à se rendre moins coupable qu'il ne l'était :

— Indiana, lui dit-il, vous pleurez..... Pourquoi pleurez-vous?.... Je veux le savoir....

Elle tressaillit de s'entendre appeler par son nom; mais il y eut encore du bonheur dans la surprise que lui causa cette audace.

— Pourquoi le demandez-vous? lui dit-elle. Je ne dois pas vous le dire....

— Eh bien! moi je le sais, Indiana. Je sais toute votre histoire, toute votre vie. Rien de ce qui vous concerne ne m'est étranger, parce que rien de ce qui vous concerne ne m'est indifférent. J'ai voulu tout connaître de vous, et je n'ai rien appris que ne m'eût révélé un instant passé chez vous, lorsqu'on m'apporta tout sanglant, tout brisé à vos pieds, et que votre mari s'irrita de vous voir si belle et si bonne, me faire un appui de vos bras moelleux, un baume de votre douce haleine. Lui, jaloux! oh! je le conçois bien, car à sa place je le serais, Indiana; ou plutôt à sa place je me tuerais, car être votre époux, Madame; vous posséder, vous tenir dans ses bras, et ne pas vous mériter, n'avoir pas votre cœur, c'est être le plus misérable ou le plus lâche des hommes.

—O ciel! taisez-vous, s'écria-t-elle en lui fermant la bouche avec ses mains, taisez-vous, car vous me rendez coupable. Pourquoi me parlez-vous de lui; pourquoi voulez-vous m'enseigner à le maudire!... S'il vous entendait.... mais je n'ai pas dit de mal de lui, ce n'est pas moi qui vous autorise à ce crime; moi, je ne le hais pas, je l'estime, je l'aime....

—Dites que vous le craignez horriblement, car le despote a brisé votre ame, et la peur s'est assise à votre chevet depuis que vous êtes entrée dans la couche de cet homme. Vous, Indiana, profanée à ce rustre dont la main de fer a courbé votre tête et flétri votre vie! Pauvre enfant! si jeune et si belle, avoir déjà tant souffert!... car ce n'est pas moi que vous tromperiez, Indiana, moi qui vous regarde avec d'autres yeux que ceux de la foule, je sais tous les secrets de votre destinée, et vous ne pouvez pas espérer de vous cacher de moi. Que ceux qui vous regardent parce que vous êtes belle, disent en remarquant votre pâleur et votre mélancolie : Elle est malade.... A la bonne heure ; mais moi qui vous suis avec mon cœur, moi dont l'ame tout entière vous entoure de sollicitude et d'amour, je connais bien votre mal. Je sais bien que si le ciel l'eût voulu, s'il vous eût donnée à moi, à moi malheureux qui devrais me briser la tête d'être venu si tard, vous ne seriez pas malade. Indiana ! non, j'en jure par ma vie, je vous aurais tant aimée que vous m'auriez aimé aussi, et que vous auriez béni votre chaîne. Je vous aurais portée dans mes bras pour empêcher vos pieds de se blesser : je les aurais réchauffés de mon haleine. Je vous aurais appuyée contre mon cœur pour vous préserver de souffrir. J'aurais donné tout mon sang pour réparer le vôtre ; et si vous aviez perdu le sommeil avec moi, j'aurais passé la nuit à vous dire de douces paroles, à vous sourire pour vous rendre le courage, tout en pleurant de vous voir souffrir. Quand le sommeil serait venu se glisser sur vos paupières de soie, je les aurais effleurées de mes lèvres pour les clore plus doucement, et à genoux près de votre lit j'aurais veillé sur vous. J'aurais forcé l'air à vous caresser légèrement; les songes dorés à vous jeter des fleurs. J'aurais baisé sans bruit les tresses de vos cheveux, j'aurais compté avec volupté les palpitations de votre sein; et, à votre réveil, Indiana, vous m'eussiez trouvé là, à vos pieds, vous gardant en maître jaloux, vous servant en esclave, épiant votre premier sourire, m'emparant de votre première pensée, de votre premier regard, de votre premier baiser....

— Assez, assez, dit Indiana toute éperdue, toute palpitante, vous me faites du mal.

Et pourtant, si l'on mourait de bonheur, Indiana serait morte en ce moment.

—Ne me parlez pas ainsi, lui dit-elle, à moi qui ne dois pas être heureuse; ne me montrez pas le ciel sur la terre à moi qui suis marquée pour mourir.

—Pour mourir! s'écria Raymon avec force en la saisissant dans ses bras. Toi, mourir! Indiana! mourir avant d'avoir vécu, avant d'avoir aimé!... Non, tu ne mourras pas, ce n'est pas moi qui te laisserai mourir, car ma vie maintenant est liée à la tienne. Tu es la femme que j'avais rêvée; la pureté que j'adorais, la chimère qui m'avait toujours fui, l'étoile brillante qui luisait devant moi pour me dire : Marche encore dans cette vie de misère, et le ciel t'enverra un de ses anges pour t'accompagner. De tout temps, tu m'étais destinée, ton ame était fiancée à la mienne, Indiana! Les hommes et leurs lois de fer ont disposé de toi, ils m'ont arraché la compagne que Dieu m'eût choisie si Dieu n'oubliait parfois ses promesses. Mais que nous importent les hommes et les lois si je t'aime encore aux bras d'un autre, si tu peux encore m'aimer, maudit et malheureux comme je suis de t'avoir perdue ! Vois-tu, Indiana, tu m'appartiens, tu es la moitié de mon ame qui cherchait depuis long-temps à rejoindre l'autre. Quand tu rêvais d'un ami à l'Ile-Bourbon, c'était de moi que tu rêvais. Quand au nom d'époux un doux frisson de crainte et d'espoir passait dans ton ame, c'est que je devais être ton époux. Ne me reconnais-tu pas ? Ne te semble-t-il pas qu'il y ait vingt ans que nous ne nous sommes vus? Ne t'ai-je pas reconnue, ange, lorsque tu étanchais mon sang avec ta robe, lorsque tu plaçais ta main sur mon cœur éteint pour y ramener la chaleur et la vie? Ah! je m'en souviens bien, moi. Quand j'ouvris les yeux, je me dis: La voilà ! c'est ainsi qu'elle était dans tous mes rêves, blanche, mélancolique et bienfaisante. C'est mon bien, à moi; c'est elle qui doit m'abreuver de félicités inconnues; et déjà la vie physique que je venais de retrouver était ton ouvrage. Car ce ne sont pas des circonstances vulgaires qui nous ont réunis, vois-tu! ce n'est ni le hasard ni le caprice, c'est la fatalité, c'est la mort qui m'a ouvert les portes de cette vie nouvelle. C'est ton mari, c'est ton maître qui, obéissant à son destin, m'a apporté tout sanglant dans sa maison et qui m'a jeté à tes pieds en te disant : Voilà pour vous. Et maintenant rien ne peut nous désunir...

— Lui, peut nous désunir! interrompit vivement madame Delmare qui, s'abandonnant aux transports de son amant, l'écoutait avec délices. Hélas! hélas! vous ne le connaissez pas; c'est un homme qui ne pratique pas le pardon, un homme qu'on ne trompe pas. Raymon, il vous tuera!..

Elle se cacha dans son sein en pleurant. Raymon l'étreignant avec passion.

— Qu'il vienne! s'écria-t-il; qu'il vienne m'arracher cet instant de bonheur, je le défie. Reste là, Indiana, reste contre mon cœur, c'est là ton refuge et ton abri. Aime-moi, et je serai invulnérable. Tu sais bien qu'il n'est pas au pouvoir de cet homme de me tuer; j'ai déjà été sans défense, exposé à ses coups. Mais toi, mon bon ange, tu planais sur moi, et tes ailes m'ont protégé. Va, ne crains rien; nous saurons bien détourner sa colère, et maintenant je n'ai pas même peur pour toi, car je serai là. Moi aussi, quand ce maître voudra t'opprimer, je te protégerai contre lui. Je t'arracherai, s'il le faut, à sa loi cruelle. Veux-tu que je le tue? Dis-moi que tu m'aimes, et je serai son meurtrier, si tu le condamnes à mourir...

— Vous me faites frémir; taisez-vous. Si vous voulez tuer quelqu'un, tuez-moi, car j'ai vécu tout un jour et je ne désire plus rien...

— Meurs donc, mais que ce soit de bonheur, s'écria Raymon en imprimant ses lèvres sur celles d'Indiana.

Mais c'était un trop rude orage pour une

plante si faible. Elle pâlit, et portant la main à son cœur, elle perdit connaissance.

D'abord Raymon crut que ses caresses rappelleraient le sang dans ses veines glacées; mais il couvrit en vain ses mains de baisers, il l'appela en vain des plus doux noms. Ce n'était pas un évanouissement volontaire comme on en voit tant. Madame Delmare, sérieusement malade depuis long-temps, était sujette à des spasmes nerveux qui duraient des heures entières. Raymon, désespéré, fut réduit à appeler du secours. Il sonne; une femme de chambre paraît; mais le flacon qu'elle apportait s'échappe de ses mains, et un cri de sa poitrine, en reconnaissant Raymon. Celui-ci, retrouvant aussitôt toute sa présence d'esprit, s'approcha de son oreille.

— Silence, Noun; je savais que tu étais ici, j'y venais pour toi, je ne m'attendais pas à y trouver ta maîtresse que je croyais au bal. J'ai été obligé de feindre; sois prudente, je me retire.

Et Raymon s'enfuit, laissant chacune de ces deux femmes dépositaire d'un secret qui devait porter le désespoir dans l'ame de l'autre.

VII.

Le lendemain Raymon reçut à son réveil une seconde lettre de Noun. Celle-là, il ne la rejeta point avec dédain : il l'ouvrit au contraire avec empressement ; elle pouvait lui parler de madame Delmare. Il en était question en effet, mais dans quel embarras cette complication d'intrigues jetait Raymon ! Le secret de la jeune fille devenait impossible à cacher. Déjà la souffrance et l'effroi avaient maigri ses joues ; madame Delmare s'apercevait de cet état maladif sans en pénétrer la cause. Noun craignait la sévérité du colonel, mais plus encore la douceur de sa maîtresse. Elle savait bien qu'elle obtiendrait son pardon, mais elle se mourait de honte et de douleur d'être forcée à cet aveu. Qu'allait-elle devenir, si Raymon ne prenait soin de la soustraire aux humiliations qui devaient l'accabler ? Il fallait qu'il s'occupât d'elle enfin, ou elle allait se jeter aux pieds de madame Delmare et lui tout déclarer.

Cette crainte agit puissamment sur M. de Ramière. Son premier soin fut d'éloigner Noun de sa maîtresse.

— Gardez-vous de parler sans mon aveu, lui répondit-il. Tâchez d'être au Lagny ce soir ; j'y serai.

En s'y rendant, il réfléchit à la conduite

qu'il devait tenir. Noun avait assez de bon sens pour ne pas compter sur une séparation impossible. Elle n'avait jamais osé prononcer le mot de mariage, et, parce qu'elle était discrète et généreuse, Raymon se croyait moins coupable. Il se disait qu'il ne l'avait point trompée, et que Noun avait dû prévoir son sort plus d'une fois. Ce qui causait l'embarras de Raymon, ce n'était pas d'offrir la moitié de sa fortune à la pauvre fille, il était prêt à l'enrichir, à prendre d'elle tous les soins que la délicatesse lui suggérait. Ce qui rendait sa situation si pénible, c'était d'être forcé de lui dire qu'il ne l'aimait plus, car il ne savait pas tromper. Si sa conduite en ce moment paraissait double et perfide, son cœur était sincère comme il l'avait toujours été. Il avait aimé Noun avec les sens, il aimait madame Delmare de toute son ame. Il n'avait menti jusque-là ni à l'une ni à l'autre. Il s'agissait de ne pas commencer à mentir, et Raymon se sentait également incapable d'abuser la pauvre Noun et de lui porter le coup du désespoir. Il fallait choisir entre une lâcheté et une barbarie. Raymon était bien malheureux. Il arriva à la porte du parc du Lagny sans avoir rien décidé.

De son côté, Noun, qui n'espérait peut-être pas une si prompte réponse, avait repris un peu d'espoir.—Il m'aime encore, se disait-elle; il ne veut pas m'abandonner. Il m'avait un peu oubliée, c'est tout simple; à Paris, au milieu des fêtes, aimé de toutes les femmes, comme il doit l'être, il s'est laissé entraîner quelques instans loin de la pauvre Indienne. Hélas! qui suis-je, pour qu'il me sacrifie tant de grandes dames plus belles et plus riches que moi? Qui sait? se disait-elle naïvement, peut-être que la reine de France est amoureuse de lui.

A force de penser aux séductions que le luxe devait exercer sur son amant, Noun s'avisa d'un moyen pour lui plaire davantage. Elle se para des atours de sa maîtresse, alluma un grand feu dans la chambre que madame Delmare occupait au Lagny, para la cheminée des plus belles fleurs qu'elle put trouver dans la serre-chaude, prépara une collation de fruits et de vins fins, apprêta en un mot toutes les recherches du boudoir auxquelles elle n'avait jamais songé, et quand elle se regarda dans un grand panneau de glace, elle se rendit justice en se trouvant plus jolie que les fleurs dont elle avait cherché à s'embellir.

— Il m'a souvent répété, se disait-elle, que je n'avais pas besoin de parure pour être belle, et qu'aucune femme de la cour, dans tout l'éclat de ses diamans, ne valait un de mes sourires : pourtant ces femmes qu'il dédaignait l'occupent maintenant. Voyons, soyons gaie, ayons l'air vif et joyeux; peut-être que je ressaisirai cette nuit tout l'amour que je lui avais inspiré.

Raymon, ayant laissé son cheval à une petite maison de charbonnier dans la forêt, pénétra dans le parc dont il avait une clef. Cette fois il ne courait plus le risque d'être pris pour un voleur. Presque tous les domestiques avaient suivi leurs maîtres. Le jardinier était dans sa confidence, et il connaissait tous les abords du Lagny comme ceux de sa propre demeure.

La nuit était froide, un brouillard épais enveloppait les arbres du parc, et Raymon avait peine à distinguer leurs tiges noires dans la brume blanche qui les revêtait de robes diaphanes.

Il erra quelque temps dans les allées sinueuses avant de trouver la porte du kiosque où Noun l'attendait. Elle vint à lui enveloppée d'une pelisse dont le capuchon était relevé sur sa tête.

— Nous ne pouvons rester ici, lui dit-elle, il y fait trop froid, suivez-moi, et ne parlez pas.

Raymon se sentit une extrême répugnance à entrer dans la maison de madame Delmare comme amant de sa femme de chambre. Cependant il fallut céder ; Noun marchait légèrement devant lui, et cette entrevue devait être décisive.

Elle lui fit traverser la cour, apaisa les chiens, ouvrit les portes sans bruit, et, le prenant par la main, elle le guida en silence dans les corridors sombres. Enfin elle l'entraîna dans une chambre circulaire, élégante et simple, où des orangers en fleurs répandaient leurs suaves émanations. Des bougies diaphanes brûlaient dans les candelabres.

Noun avait effeuillé des roses du Bengale sur le parquet, le divan était semé de violettes, une douce chaleur pénétrait tous les pores, et les cristaux étincelaient sur la table parmi les fruits qui présentaient coquettement leurs flancs vermeils parmi la mousse verte des corbeilles.

Ébloui par la transition brusque de l'obscurité à une vive lumière, Raymon resta quelques instans étourdi; mais il ne lui fallut pas long-temps pour comprendre où il était. Le goût exquis et la simplicité chaste qui présidaient à l'ameublement, ces livres d'amour et de voyages épars sur les planches d'acajou, ce métier chargé d'un travail si joli et si frais, œuvre de patience et de mélancolie, cette harpe dont les cordes semblaient encore vibrer des chants d'attente et de tristesse, ces gravures qui représentaient les pastorales amours de Paul et de Virginie, les cimes de l'Ile-Bourbon et les rivages bleus de Saint-Paul, mais surtout ce petit lit à demi caché sous les rideaux de mousseline, ce lit blanc et pudique comme celui d'une vierge, orné au chevet, en guise de rameau béni, d'une palme enlevée peut-être le jour du départ à quelque arbre de la patrie : tout révélait madame Delmare, et Raymon fut saisi d'un étrange frisson en songeant que cette femme enveloppée d'un manteau, qui l'avait conduit jusque-là, était peut-être Indiana elle-même. Cette extravagante idée sembla se confirmer, lorsqu'il vit apparaître dans la glace en face de lui une forme blanche et parée, le fantôme d'une femme qui entre au bal et qui jette son manteau pour se montrer radieuse et demi-nue aux lumières étincelantes. Mais ce ne fut que l'erreur d'un instant. Indiana eût été plus cachée...... Son sein modeste ne se fût trahi que sous la triple gaze de son corsage; elle eût peut-être orné ses cheveux de camélias naturels, mais ce n'est pas dans ce désordre excitant qu'ils se fussent joués sur sa tête; elle eût pu emprisonner ses pieds dans des souliers de satin, mais sa chaste robe n'eût pas ainsi trahi les mystères de sa jambe mignonne.

Plus grande et plus forte que sa maîtresse, Noun était habillée et non pas vêtue avec ses parures. Elle avait de la grâce, mais de la grâce sans noblesse; elle était belle comme une femme et non comme une fée; elle appelait le plaisir et ne promettait pas la volupté.

Raymon, après l'avoir examinée dans la glace sans tourner la tête, reporta ses regards sur tout ce qui pouvait lui rendre un reflet plus pur d'Indiana, sur les instrumens de musique, sur les peintures, sur le lit étroit et virginal. Il s'enivra du vague parfum que sa présence avait laissé dans ce sanctuaire, il frissonna de désir en pensant au jour où Indiana elle-même lui en ouvrirait les délices, et Noun les bras croisés, debout derrière lui, le contemplait avec extase, s'imaginant qu'il était absorbé de ravissement à la vue de tous les soins qu'elle s'était donnés pour lui plaire.

Mais lui, rompant enfin le silence :

— Je vous remercie, lui dit-il, de tous les apprêts que vous avez faits pour moi ; je vous remercie surtout de m'avoir fait entrer ici, mais j'ai assez joui de cette surprise gracieuse. Sortons de cette chambre, nous n'y sommes pas à notre place, et je dois respecter madame Delmare, même en son absence.

— Cela est bien cruel, dit Noun qui ne l'avait pas compris, mais qui voyait son air froid et mécontent; cela est cruel, d'avoir espéré que je vous plairais et de voir que vous me repoussez.

—Non, chère Noun, je ne vous repousserai jamais, je suis venu ici pour causer sérieusement avec vous et vous témoigner l'affection que je vous dois. Je suis reconnaissant de votre désir de me plaire, mais je vous aimais mieux parée de votre jeunesse et de vos grâces naturelles, que de ces ornemens empruntés.

Noun comprit à demi et pleura.

— Je suis une malheureuse, lui dit-elle, je me hais puisque je ne vous plais plus...... J'aurais dû prévoir que vous ne m'aimeriez pas long-temps, moi, pauvre fille sans éducation. Je ne vous reproche rien. Je savais bien que vous ne m'épouseriez pas, mais si vous m'eussiez aimée toujours, j'eusse tout sacrifié sans regret, tout supporté sans me plaindre. Hélas! je suis perdue, je suis déshonorée...... Je serai chassée peut-être... Je vais donner la vie à un être qui sera encore plus infortuné que moi, et nul ne me plaindra... Chacun se croira le droit de me fouler aux pieds...... Eh bien! tout cela, je m'y résignerais avec joie, si vous m'aimiez encore.

Noun parla long-temps ainsi. Elle ne se servit peut-être pas des mêmes mots, mais elle dit les mêmes choses, bien mieux cent fois que je ne pourrais vous les redire. Où trouver le secret de cette éloquence qui se révèle tout-à-coup à un esprit ignorant et vierge dans la crise d'une passion vraie et d'une douleur profonde?..... C'est alors que les mots ont une autre valeur que dans toutes les autres acceptions de la vie. C'est alors que des paroles triviales deviennent sublimes par le sentiment qui les dicte et l'accent qui les exhale. Alors la femme du dernier rang devient, en se livrant à tout le délire de ses sensations, plus pathétique et plus convaincante que celle à qui l'éducation a enseigné la réserve et la modération.

Raymon se sentit flatté d'inspirer un attachement si généreux, et la reconnaissance, la compassion, un peu de vanité peut-être lui rendirent un moment d'amour.

Noun était suffoquée de larmes, elle avait arraché les fleurs de son front, ses longs cheveux tombaient épars sur ses épaules larges et éblouissantes. Si madame Delmare n'eût eu pour l'embellir son esclavage et ses souffrances, Noun l'eût infiniment surpassée en beauté dans cet instant; elle était superbe de douleur et d'amour. Raymon vaincu l'attira dans ses bras, la fit asseoir près de lui sur le sofa, et approcha le guéridon chargé de carafes, pour lui verser quelques gouttes d'eau de fleur d'orange dans une coupe de vermeil. Soulagée de cette marque d'intérêt plus que du breuvage calmant, Noun essuya ses pleurs, et se jetant aux pieds de Raymon :

— Aime-moi donc encore, lui dit-elle en embrassant ses genoux avec passion; dis-moi encore que tu m'aimes, et je serai guérie, je serai sauvée; embrasse-moi comme autrefois, et je ne regretterai pas de m'être perdue pour te donner quelques jours de plaisir.

Elle l'entourait de ses bras frais et bruns, elle le couvrait de ses longs cheveux, ses grands yeux noirs lui jetaient une langueur brûlante, et cette ardeur du sang, cette volupté toute orientale qui sait triompher de tous les efforts de la volonté, de toutes les délicatesses de la pensée. Raymon oublia tout, et ses résolutions, et son nouvel amour, et le lieu où il était. Il rendit à Noun ses caresses délirantes. Il trempa ses lèvres dans la même coupe, et les vins capiteux qui se trouvaient sous leur main achevèrent d'égarer leur raison.

Peu à peu le souvenir vague et flottant d'Indiana vint se mêler à l'ivresse de Raymon. Les deux panneaux de glaces qui se renvoyaient l'un à l'autre l'image de Noun jusqu'à l'infini, semblaient se peupler de mille fantômes. Il épiait dans la profondeur de cette double réverbération une forme plus déliée, et il lui semblait saisir, dans la dernière ombre vaporeuse et confuse que Noun y reflétait, la taille fine et souple de madame Delmare.

Noun, étourdie elle-même par les boissons excitantes dont elle ignorait l'usage, ne saisissait plus les bizarres discours de son amant. Si elle n'eût pas été ivre comme lui, elle eût compris qu'au plus fort de son délire Raymon songeait à une autre. Elle l'eût vu baiser l'écharpe et les rubans qu'avait portés Indiana, respirer les essences qui la lui rappelaient, froisser dans ses mains ardentes l'étoffe qui avait protégé son sein ; mais Noun prenait tous ces transports pour elle, lorsque Raymon ne voyait d'elle que la robe d'Indiana. S'il baisait ses cheveux noirs, il croyait baiser les cheveux noirs d'Indiana. C'était Indiana qu'il voyait dans le nuage du punch que la main de Noun venait d'allumer. C'était elle qui l'appelait et qui lui souriait derrière ces blancs rideaux de mousseline ; ce fut elle encore qu'il rêva sur cette couche modeste et sans tache, lorsque, succombant sous l'amour et le vin, il y roula sa créole échevelée.

Lorsque Raymon s'éveilla, un demi-jour pénétrait par les fentes du volet, et il resta long-temps plongé dans une vague surprise, immobile, et contemplant comme une vision du sommeil le lieu où il se trouvait et le lit où il avait reposé. Tout avait été remis en ordre dans la chambre de madame Delmare. Dès le matin, Noun qui s'était endormie souveraine en ce lieu s'était réveillée femme de chambre. Elle avait emporté les fleurs et fait disparaître les restes de la collation; les meubles étaient à leur place, rien ne trahissait l'orgie amoureuse de la nuit, et la chambre d'Indiana avait repris son air de candeur et de décence.

Accablé de honte, il se leva et voulut sortir, mais il était enfermé ; la fenêtre dominait cinquante pieds de profondeur, et il fallut rester attaché dans cette chambre pleine de remords comme Ixion sur sa roue.

Alors il se jeta à genoux, la face tournée contre ce lit foulé et meurtri qui le faisait rougir.

O Indiana ! s'écria-t-il en se tordant les mains, t'ai-je assez outragée ! Pourrais-tu me pardonner une telle infamie ? Quand tu le ferais, moi, je ne me la pardonnerais pas. Résiste-moi maintenant, douce et confiante Indiana, car tu ne sais pas à quel homme vil et brutal tu veux livrer les trésors de ton innocence ! Repousse-moi, foule-moi aux pieds, moi qui n'ai pas respecté l'asile de ta pudeur sacrée, moi qui me suis enivré de tes vins comme un laquais, côte à côte avec ta suivante, moi qui ai souillé ta robe de mon haleine maudite et ta ceinture pudique de mes infâmes baisers sur le sein d'une autre ; moi qui n'ai pas craint d'empoisonner le repos de tes nuits solitaires, et de verser jusque sur ce lit que respectait ton époux lui-même les influences de la séduction et de l'adultère! Quelle sécurité trouveras-tu désormais derrière ces rideaux dont je n'ai pas craint de profaner le mystère? Quels songes impurs, quelles pensées âcres et dévorantes ne viendront pas s'attacher à ton cerveau pour le dessécher? Quels fantômes de vice et d'insolence ne viendront pas ramper sur le lin virginal de ta couche? Et ton sommeil pur comme celui d'un enfant, quelle divinité chaste voudra le protéger maintenant? N'ai-je pas mis en fuite l'ange qui gardait ton chevet? n'ai-je pas ouvert au démon de la luxure l'entrée de ton alcove? Ne lui ai-je pas vendu ton ame? Et l'ardeur insensée qui consume les flancs de cette créole lascive, ne viendra-t-elle pas, comme la robe de Déjanire, s'attacher aux tiens pour les ronger? Oh! malheureux, coupable et malheureux que je suis, que ne puis-je laver de mon sang la tache honteuse que j'ai laissée sur cette couche?

Et Raymon l'arrosait de ses larmes.

Alors Noun rentra, Noun la créole, avec son madras et son tablier. Elle crut, à voir Raymon ainsi agenouillé, qu'il faisait sa prière. Elle ignorait que les gens du monde n'en font pas. Elle attendit donc, debout et silencieuse, qu'il daignât s'apercevoir de sa présence.

Raymon, en la voyant, se sentit confus et irrité, sans courage pour la gronder, sans force pour lui adresser une parole amie.

— Pourqoi m'avez-vous enfermé ici? lui dit-il enfin. Songez-vous qu'il fait grand jour et que je ne puis sortir sans vous compromettre ouvertement?

— Aussi vous ne sortirez pas, lui dit Noun d'un air caressant. La maison est déserte, personne ne peut vous découvrir, le jardinier ne vient jamais dans cette partie du bâtiment dont seule je garde les clefs. Vous resterez avec moi cette journée encore, vous êtes mon prisonnier.

Cet arrangement mettait Raymon au désespoir ; il ne sentait plus pour sa maîtresse qu'une sorte d'aversion. Cependant il fallut se résigner, et peut-être que, malgré ce qu'il souffrait dans cette chambre, un invincible attrait l'y retenait encore.

Lorsque Noun le quitta pour aller lui chercher à déjeuner, il se mit à examiner au grand jour tous ces muets témoins de la solitude d'Indiana. Il ouvrit ses livres, feuilleta ses albums, puis il les ferma précipitamment, car il craignit encore de commettre une profanation et de violer des mystères de femme. Enfin il se mit à marcher, et il remarqua sur le panneau boisé qui faisait face au lit de madame Delmare un grand tableau richement encadré, recouvert d'une double gaze.

C'était peut-être le portrait d'Indiana.

Raymon, avide de le contempler, oublia ses scrupules, monta sur une chaise, détacha les épingles, et découvrit avec surprise le portrait en pied d'un beau jeune homme.

VIII.

— Il me semble que je connais ces traits-là, dit-il à Noun en s'efforçant de prendre un air indifférent.

— Fi, Monsieur! dit la jeune fille en posant sur la table le déjeuner qu'elle apportait:

ce n'est pas bien de vouloir pénétrer les secrets de ma maîtresse.

Cette réflexion fit pâlir Raymon.

—Des secrets! dit-il. Si c'est là un secret, tu en es la confidente, Noun, et tu es doublement coupable de m'avoir amené dans cette chambre.

— Oh non! ce n'est pas un secret, dit Noun en souriant; car c'est M. Delmare lui-même qui a aidé à suspendre le portrait de sir Ralph à ce panneau. Est-ce que Madame pourrait avoir des secrets avec un mari si jaloux?

— Sir Ralph! dis-tu, qu'est-ce que sir Ralph?

— Sir Rodolphe Brown, le cousin de Madame, son ami d'enfance, je pourrais dire le mien aussi; il est si bon!

Raymon examinait le tableau avec surprise et inquiétude.

Nous avons dit que sir Ralph, à la physionomie près, était un fort beau garçon, blanc et vermeil, riche de stature et de cheveux, toujours parfaitement mis, et capable, sinon de faire tourner une tête romanesque, du moins de satisfaire la vanité d'une tête positive. Le pacifique baronnet était représenté en costume de chasse, à peu près tel que nous l'avons vu au premier chapitre de cette histoire, et entouré de ses chiens en tête desquels la belle griffonne Ophélia avait posé pour le beau ton gris argent de ses soies et la pureté de sa race écossaise. Sir Ralph tenait un cor de chasse d'une main, et de l'autre la bride d'un magnifique cheval anglais, gris pommelé, qui remplissait presque tout le fond du tableau. C'était une peinture admirablement exécutée, un vrai tableau de famille avec toutes ses perfections de détails, toutes ses puérilités de ressemblance, toutes ses minuties bourgeoises; un portrait à faire pleurer une nourrice, aboyer des chiens et pâmer d'aise un tailleur. Il n'y avait qu'une chose au monde qui fût plus insignifiante que ce portrait, c'était l'original.

Cependant il excita chez Raymon un violent sentiment de colère.

— Eh quoi! dit-il, cet Anglais, jeune et carré, a le privilége d'être admis dans l'appartement le plus secret de madame Delmare! Son insipide image est toujours là qui regarde froidement les actes les plus intimes de sa vie! Il la surveille, il la garde, il suit tous ses mouvemens; il la possède à toute heure; la nuit il la voit dormir, et surprend le secret de ses rêves; le matin, quand elle sort toute blanche et toute frémissante de son lit, il aperçoit son pied délicat qui se pose nu sur les tapis, et quand elle s'habille avec précaution, quand elle ferme les rideaux de sa fenêtre, et qu'elle interdit même au jour de pénétrer trop indiscrètement jusqu'à elle, quand elle se croit bien seule, bien cachée, cette insolente figure est là qui se repait de ses charmes! Cet homme tout botté préside à sa toilette!

— Cette gaze couvre-t-elle ordinairement le tableau que voici? dit-il à la femme-de-chambre.

— Toujours, répondit-elle, quand Madame est absente; mais ne vous donnez pas la peine de la replacer, Madame arrive dans quelques jours.

— En ce cas, Noun, vous feriez bien de lui dire que cette figure a l'air impertinent.... A la place de M. Delmare je n'aurais consenti à la laisser ici qu'après lui avoir crevé les deux yeux.... Mais voilà bien la grossière jalousie des maris, ils imaginent tout et ne comprennent rien.

— Qu'avez-vous donc contre la figure de ce bon M. Brown? dit Noun en refaisant le lit de sa maîtresse; c'est un si excellent maître! Je ne l'aimais pas beaucoup autrefois parce que j'entendais toujours dire à Madame qu'il était égoïste : mais depuis le jour où il a pris tant de soin de vous....

— En effet, interrompit Raymon, c'est lui qui m'a secouru, je le reconnais bien à présent.... mais je ne dois son intérêt qu'aux prières de madame Delmare....

— C'est qu'elle est si bonne, ma maîtresse! dit la pauvre Noun. Qui ne le deviendrait pas auprès d'elle?

Lorsque Noun parlait de madame Delmare, Raymon l'écoutait avec un intérêt dont elle ne se méfiait pas.

La journée se passa donc assez paisiblement sans que Noun osât amener la conversation à son véritable but. Enfin, vers le soir, comme elle vit que Raymon voulait se retirer, elle fit un effort, et le força de lui déclarer ses intentions.

Raymon n'en avait pas d'autre que de se débarrasser d'un témoin dangereux et d'une femme qu'il n'aimait plus. Mais il voulait assurer son sort, et il lui fit en tremblant les offres les plus libérales....

Cet affront fut amer à la pauvre fille ; elle arracha ses cheveux, et se fût brisé la tête si Raymon n'eût employé la force pour la retenir. Alors, faisant usage de toutes les ressources de langage et d'esprit que la nature lui avait données, il lui fit comprendre que ce n'était pas à elle, mais à l'enfant dont elle allait être mère, qu'il voulait offrir ses secours.

— C'est mon devoir, lui dit-il ; c'est à titre d'héritage pour lui que je vous les transmets, et vous seriez coupable envers lui si une fausse délicatesse vous les faisait repousser.

Noun se calma, elle essuya ses yeux.

— Eh bien ! dit-elle, je les accepterai si vous voulez me promettre de m'aimer encore ; car, pour vous être acquitté envers l'enfant, vous ne le serez point envers la mère. Lui, vos dons le feront vivre : mais, moi, votre indifférence me tuera. Ne pouvez-vous me prendre auprès de vous pour vous servir? Voyez, je ne suis pas exigeante, je n'ambitionne point ce qu'une autre à ma place aurait peut-être eu l'art d'obtenir. Mais permettez-moi d'être votre servante. Faites-moi entrer chez votre mère. Elle sera contente de moi, je vous le jure ; et si vous ne m'aimez plus, du moins je vous verrai.

— Ce que vous me demandez est impossible, ma chère Noun. Dans l'état où vous êtes vous ne pouvez songer à entrer au service de personne ; et tromper ma mère, me jouer de sa confiance, serait une bassesse à laquelle je ne consentirai jamais. Allez à Lyon ou à Bordeaux, je me charge de ne vous laisser manquer de rien jusqu'au moment où vous pourrez vous montrer. Alors, je vous placerai chez quelque personne de ma connaissance, à Paris même si vous le désirez... si vous tenez à vous rapprocher de moi.... mais sous le même toit, cela est impossible....

— Impossible !.. dit Noun en joignant les

mains avec douleur; je vois bien que vous me méprisez, vous rougissez de moi...... Eh bien! non, je ne m'éloignerai pas, je ne m'en irai pas seule et humiliée mourir abandonnée dans quelque ville lointaine où vous m'oublierez. Que m'importe ma réputation? C'est votre amour que je voulais conserver...

— Noun, si vous craignez que je vous trompe, venez avec moi. La même voiture nous conduira au lieu que vous choisirez; partout, excepté à Paris ou chez ma mère, je vous suivrai, je vous prodiguerai les soins que je vous dois...

— Oui, pour m'abandonner le lendemain du jour où vous m'aurez déposée, inutile fardeau, sur une terre étrangère, dit-elle en souriant amèrement. Non, Monsieur, non, je reste, je ne veux pas tout perdre à la fois. J'aurais sacrifié pour vous suivre la personne que j'aimais le mieux au monde avant de vous connaître; mais je ne suis pas assez jalouse de cacher mon déshonneur pour sacrifier et mon amour et mon amitié. J'irai me jeter aux pieds de madame Delmare, je lui dirai tout, et elle me pardonnera, je le sais, car elle est bonne, et elle m'aime. Nous sommes nées presque le même jour, elle est ma sœur de lait. Nous ne nous sommes jamais quittées, elle ne voudra pas que je la quitte, elle pleurera avec moi ; elle me soignera, elle aimera mon enfant, mon pauvre enfant ! Qui sait, elle qui n'a pas le bonheur d'être mère, elle l'élèvera peut-être comme le sien.... Ah! j'étais folle de vouloir la quitter, car c'est la seule personne au monde qui prendra pitié de moi...

Cette résolution jetait Raymon dans une affreuse perplexité, quand tout-à-coup le roulement d'une voiture se fit entendre dans la cour. Noun épouvantée courut à la fenêtre.

— C'est madame Delmare, s'écria-t-elle, fuyez !..

La clef de l'escalier dérobé fut introuvable dans ce moment de désordre. Noun prit le bras de Raymon et l'entraîna précipitamment dans le corridor. Mais ils n'en avaient pas atteint la moitié qu'ils entendirent marcher dans ce même passage ; la voix de madame Delmare se fit entendre à dix pas devant eux, et déjà une bougie portée par un domestique qui l'accompagnait jetait sa lueur saillante sur leurs figures effrayées. Noun n'eut que le temps de revenir sur ses pas, entraînant toujours Raymon, et de rentrer avec lui dans la chambre à coucher.

Un cabinet fermé par une porte vitrée pouvait offrir un refuge pour quelques instans ; mais il n'y avait aucun moyen de s'y renfermer, et madame Delmare pouvait y entrer en arrivant. Pour n'être donc pas surpris sur-le-champ, Raymon fut obligé de se jeter dans l'alcove et de se cacher derrière les rideaux. Il n'était pas probable que madame Delmare se coucherait tout de suite, et jusque-là Noun pouvait trouver un moment pour le faire évader.

Indiana entra vivement, jeta son chapeau sur le lit et embrassa Noun avec la familiarité d'une sœur. Il y avait si peu de clarté dans l'appartement qu'elle ne remarqua pas l'émotion de sa compagne.

—Tu m'attendais donc? dit-elle en approchant du feu; comment savais-tu mon arrivée?

Et sans attendre sa réponse:

—M. Delmare, ajouta-t-elle, sera ici demain. En recevant sa lettre, je suis partie sur-le-champ. J'ai des raisons pour le recevoir ici et non à Paris, je te les dirai. Mais parle-moi donc : tu n'as pas l'air heureux de me voir comme à ton ordinaire.

— Je suis triste, dit Noun en s'agenouillant auprès de sa maîtresse pour la déchausser. Moi aussi, j'ai à vous parler, mais plus tard; maintenant venez au salon.

— Dieu m'en garde! quelle idée! Il y fait un froid mortel.

— Non, il y a un bon feu.

— Tu rêves, je viens de le traverser.

— Mais votre souper vous attend.

— Je ne veux pas souper, d'ailleurs il n'y a rien de prêt. Va chercher mon boa que j'ai laissé dans la voiture.

— Tout à l'heure.

—Pourquoi pas tout de suite? Va donc, va donc.

En parlant ainsi, elle poussait Noun d'un air folâtre, et celle-ci, voyant qu'il fallait de la hardiesse et du sang-froid, sortit pour quelques instans. Mais à peine fut-elle hors de l'appartement que madame Delmare poussa le verrou, et, détachant son vitchoura, le posa sur le lit à côté de son chapeau. Dans cet instant, elle approcha Raymon de si près qu'il fit un mouvement pour se reculer; mais le lit posé sur des roulettes, apparemment très-sensibles, céda avec un léger bruit. Madame Delmare étonnée, mais non effrayée, car elle pouvait croire que le lit avait été poussé par elle-même, avança néanmoins la tête, écarta un peu le rideau, et découvrit dans la demi-clarté que jetait le feu de la cheminée, la tête d'un homme qui se dessinait sur la muraille.

Épouvantée, elle fit un cri, et s'élança sur la cheminée pour s'emparer de la sonnette et appeler du secours. Raymon eût mieux aimé passer encore une fois pour un voleur que d'être reconnu dans cette situation. Mais s'il ne prenait ce dernier parti, madame Delmare allait appeler ses gens et se compromettre elle-même. Il espéra en l'amour qu'il lui avait inspiré; et, s'élançant sur elle, il essaya d'arrêter ses cris et de l'éloigner de la sonnette en lui disant à demi-voix de peur d'être entendu de Noun, qui sans doute n'était pas loin :

— C'est moi, Indiana, reconnais-moi, et pardonne-moi. Indiana! pardonnez à un malheureux dont vous avez égaré la raison, et qui n'a pu se résoudre à vous rendre à votre mari, avant de vous avoir vue encore une fois.

En pressant Indiana dans ses bras, autant pour l'attendrir que pour l'empêcher de sonner, il s'aperçut qu'elle était presque nue.

Noun frappa à la porte avec angoisse. Madame Delmare, se dégageant alors des bras de Raymon, courut ouvrir, et revint tomber sur un fauteuil.

Pâle et prête à mourir, Noun se jeta contre la porte du corridor pour empêcher les domestiques qui allaient et venaient de troubler cette scène étrange; plus pâle encore que sa maîtresse, les genoux tremblans, le dos collé à la porte, elle attendait son sort avec angoisse.

Raymon sentit qu'avec de l'adresse il pouvait encore tromper ces deux femmes à la fois.

— Madame, dit-il en se mettant à genoux devant Indiana, ma présence ici doit vous sembler un outrage; me voici à vos pieds pour en implorer le pardon. Accordez-moi un tête-à-tête de quelques instans, et je vous expliquerai...

— Taisez-vous, Monsieur, et sortez d'ici, s'écria madame Delmare en reprenant toute la dignité de son rôle. Sortez-en ostensiblement; Noun, ouvrez cette porte et laissez passer Monsieur, afin que tous mes domestiques le voient, et que la honte d'un tel procédé retombe sur lui seul.

Noun, se croyant découverte, vint se jeter à genoux à côté de Raymon. Madame Delmare, gardant le silence, la contemplait avec surprise.

Raymon voulut s'emparer de sa main, mais elle la lui retira avec indignation. Rouge de colère, elle se leva, et lui montrant la porte :

—Sortez, vous dis-je, répéta-t-elle, sortez; car votre conduite est infâme. Ce sont donc là les moyens que vous vouliez employer, vous, Monsieur, caché dans ma chambre comme un voleur! C'est donc une habitude chez vous que de vous introduire ainsi dans les familles! C'est là l'attachement si pur que vous me juriez hier soir, c'est ainsi que vous deviez me protéger, me respecter et me défendre! Voilà le culte que vous me rendez! Vous voyez une femme qui vous a secouru de ses mains, qui, pour vous rendre la vie, a bravé la colère de son mari; vous l'abusez par une feinte reconnaissance, vous lui jurez un amour digne d'elle, et pour prix de ses soins, pour prix de sa crédulité, vous voulez surprendre son sommeil et hâter votre succès par je ne sais quelle infamie. Vous gagnez sa femme de chambre, vous vous glissez presque dans son lit, comme un amant déjà heureux, vous ne craignez pas de mettre ses gens dans la confidence d'une intimité qui n'existe pas...... Allez, Monsieur, vous avez pris soin de me désabuser bien vite... Sortez, vous dis-je, ne restez pas un instant de plus chez moi... Et vous, misérable fille, qui respectez si peu l'honneur de votre maîtresse, vous méritez que je vous chasse. Otez-vous de cette porte, vous dis-je...

Noun, à demi-morte de surprise et de désespoir, avait les yeux fixés sur Raymon comme pour lui demander l'explication de ce mystère inouï. Puis, l'air égaré, la voix tremblante, elle se traîna vers Indiana, et lui saisissant le bras avec force :

— Qu'est-ce que vous avez dit ? s'écria-t-elle, les dents contractées par la colère ; cet homme avait de l'amour pour vous ?

—Eh ! vous le saviez bien, sans doute ! dit madame Delmare en la poussant avec force et dédain ; vous saviez bien quels motifs un homme peut avoir pour se cacher derrière les rideaux d'une femme. Ah Noun ! ajouta-t-elle en voyant le désespoir de cette fille, c'est une lâcheté insigne et dont je ne t'aurais jamais crue capable ; tu as voulu vendre l'honneur de celle qui avait tant de foi au tien !....

Madame Delmare pleurait, mais de colère

en même temps que de douleur. Jamais Raymon ne l'avait vue si belle; mais il osait à peine la regarder, car elle était presque nue, et sa fierté de femme outragée le forçait à baisser les yeux. Il était là consterné, pétrifié par la présence de Noun; car s'il eût été seul avec madame Delmare, il se sentait la puissance de l'adoucir; mais l'expression de Noun était terrible; la fureur et la haine avaient décomposé ses traits.

Un coup frappé à la porte les fit tressaillir tous trois. Noun s'élança de nouveau pour défendre l'entrée de la chambre; mais madame Delmare, la repoussant avec autorité, fit à Raymon le geste impératif de se retirer vers l'angle de l'appartement. Alors, avec ce sang-froid qui la rendait si remarquable dans les momens de crise, elle s'enveloppa d'un châle, entr'ouvrit elle-même la porte et demanda au domestique qui avait frappé ce qu'il avait à lui dire.

M. Rodolphe Brown vient d'arriver, répondit-il ; il demande si Madame veut le recevoir.

— Dites à M. Rodolphe que je suis charmée de sa visite et que je vais aller le trouver. Faites du feu au salon et qu'on prépare à souper. Un instant! Allez me chercher la clef du petit parc.

Le domestique s'éloigna. Madame Delmare resta debout, tenant toujours la porte entr'ouverte, ne daignant pas écouter Noun, et commandant impérieusement le silence à Raymon.

Le domestique revint trois minutes après. Madame Delmare, tenant toujours le battant de la porte entre lui et M. de Ramière, reçut la clef, lui ordonna d'aller hâter le souper, et dès qu'il fut reparti, s'adressant à Raymon :

— L'arrivée de mon cousin sir Brown, lui dit-elle, vous sauve le scandale auquel je voulais vous livrer; c'est un homme d'honneur et qui prendrait chaudement ma délense; mais comme je serais fâchée d'exposer la vie d'un homme comme lui contre celle d'un homme comme vous, je vous permets de vous retirer sans éclat. Noun qui vous a fait entrer ici saura vous en faire sortir. Allez.

—Nous nous reverrons, Madame, répondit Raymon avec un effort d'assurance; et quoique je sois bien coupable, vous regretterez peut-être la sévérité avec laquelle vous me traitez maintenant.

—J'espère, Monsieur, que nous ne nous reverrons jamais, répondit-elle.

Et toujours debout, tenant la porte et sans daigner s'incliner, elle le vit sortir avec sa tremblante et misérable complice.

Seul dans l'obscurité du parc avec elle, Raymon s'attendait à des reproches; Noun ne lui adressa pas une parole. Elle le conduisit jusqu'à la grille du parc de réserve, et lorsqu'il voulut lui prendre la main, elle avait déjà disparu. Il l'appela à voix basse, car il voulait savoir son sort, mais elle ne répondit pas, et le jardinier paraissant, lui dit :

—Allons, Monsieur, retirez-vous; Madame est arrivée, et l'on pourrait vous découvrir.

Raymon s'éloigna la mort dans l'ame, mais dans sa douleur d'avoir offensé madame Delmare, oubliant presque Noun et ne songeant qu'aux moyens d'apaiser la première, car il était de sa nature de s'irriter des obstacles et de ne jamais s'attacher passionnément qu'aux choses presque désespérées.

Le soir, lorsque madame Delmare, après avoir soupé silencieusement avec sir Ralph, se retira dans son appartement, Noun ne vint pas comme à l'ordinaire pour la déshabiller; elle la sonna vainement, et quand elle pensa que c'était une résistance marquée, elle ferma sa porte et se coucha : mais elle passa une nuit affreuse, et dès que le jour fut levé, elle descendit dans le parc. Elle avait la fièvre, elle avait besoin de sentir le froid la pénétrer et calmer le feu qui dévorait sa poitrine. La veille encore, à pareille heure, elle était heureuse en s'abandonnant à la nouveauté de cet amour enivrant! En vingt-quatre heures quelles affreuses déceptions! D'abord la nouvelle du retour de son mari plusieurs jours plus tôt qu'elle n'y comptait. Ces quatre ou cinq jours qu'elle avait espéré passer à Paris, c'était pour elle toute une vie de bonheur qui ne devait pas finir, tout un rêve d'amour que le réveil ne devait jamais interrompre; mais dès le matin il avait fallu y renoncer, reprendre le joug, et revenir au devant du maître afin qu'il ne rencontrât pas Raymon chez madame de Carvajal, car Indiana croyait qu'il lui serait impossible de tromper son mari, s'il la voyait en présence de Raymon; et puis ce Raymon qu'elle aimait comme un dieu, c'était par lui qu'elle se voyait outragée bassement. La compagne de sa vie, cette jeune créole qu'elle chérissait, se trouvait tout-à-coup indigne de sa confiance et de son estime ! Madame Delmare avait pleuré toute la nuit, elle se laissa tomber sur le gazon, encore blanchi par la gelée du matin, au bord de la petite rivière qui traversait le parc. On était à la fin de mars, la nature commençait à se réveiller; la matinée, quoique froide, n'était pas sans charme; des flocons de brouillard dormaient encore sur l'eau comme une écharpe flottante, et les oiseaux essayaient leurs premiers chants d'amour et de printemps.

Indiana se sentit soulagée, et un sentiment religieux s'empara de son ame.

— C'est Dieu qui l'a voulu ainsi, dit-elle; sa providence m'a rudement éclairée, mais c'est un bonheur pour moi : cet homme m'eût peut-être entraînée dans le vice, il m'eût perdue, au lieu qu'à présent la bassesse de ses sentimens m'est dévoilée, et je serai en garde contre cette passion orageuse et funeste qui fermentait dans mon sein......
J'aimerai mon mari... je tâcherai ! Du moins

je lui serai soumise, je le rendrai heureux en ne le contrariant jamais; tout ce qui peut exciter sa jalousie je l'éviterai, car maintenant je sais ce qu'il faut croire de cette éloquence menteuse que les hommes savent dépenser avec nous. Je serai heureuse, peut-être, si Dieu prend pitié de mes douleurs, et s'il m'envoie bientôt la mort......

Le bruit du moulin qui mettait en mouvement la fabrique Delmare commençait à se faire entendre derrière les saules de l'autre rive. La rivière, s'élançant dans les écluses que l'on venait d'ouvrir, commençait à s'agiter à sa surface, et comme madame Delmare suivait d'un œil mélancolique le cours plus rapide de l'eau, elle vit flotter entre les roseaux comme un monceau d'étoffes que le courant s'efforçait d'entraîner. Elle se leva, se pencha sur l'eau, et vit distinctement les vêtemens d'une femme, des vêtemens qu'elle connaissait trop bien. L'épouvante la rendait immobile, mais l'eau marchait toujours tirant lentement un cadavre des joncs où il s'était arrêté, et l'amenant vers madame Delmare... Un cri d'horreur attira en ce lieu les ouvriers de la fabrique, madame Delmare était évanouie sur la rive, et le cadavre de Noun flottait sur l'eau devant elle.

DEUXIÈME PARTIE.

IX.

—

Ne me reprochez pas d'avoir, contre toutes les règles, placé le dénouement du drame à la fin du premier acte. S'il y a eu par hasard drame ou roman dans les faits que je viens de vous rapporter, c'est bien malgré moi, car avec vous je ne vise point à l'effet. Je ne veux pas spéculer sur vos sensations, mais sur vos réflexions. J'écris pour votre raison, non pour vos nerfs. Un autre aurait eu le talent de partager votre intérêt jusqu'à la fin de son livre entre deux femmes rivales et amies. Mais ce serait mal prendre son temps, aujourd'hui que les situations extraordinaires sont devenues triviales, et que les tours de force sont tombés dans le domaine public. Si l'intérêt se retire de moi à cette période de mon récit, c'est que jusqu'ici vous ne m'avez pas compris, ou que moi-même je me suis mal fait comprendre. Mais il est encore temps de nous raviser l'un et l'autre, vous, en ne me demandant pas une œuvre d'imagination, moi en vous ramenant le plus vite que je pourrai à la vie positive.

Je pourrais, pour peu que je fusse à la hauteur de mon siècle, exploiter avec fruit la catastrophe qui se trouve si agréablement sous ma main, vous faire assister aux funérailles, vous exposer le cadavre d'une femme noyée, avec ses taches livides, ses lèvres bleues et tous ces menus détails de l'horrible et du dégoûtant qui sont en possession de vous récréer par le temps qui court. Mais chacun sa manière, et moi je conçois la terreur autrement. Ce n'est pas sous la pierre des tombeaux, mais autour des tombeaux que je l'ai vue habiter; ce n'est pas dans les vers du sépulcre que je l'ai trouvée, c'est dans le cœur des vivans et sous leurs habits de fête; ce n'est pas dans la mort de celui qui nous quitte, c'est dans l'indifférence de ceux qui lui survivent; c'est l'oubli qui est le véritable linceul des morts, c'est celui-là qui fait dresser mes cheveux, c'est celui-là qui glace mon sang et me serre le cœur; ce n'est pas l'église avec son deuil et ses cierges, ce n'est pas le fossoyeur avec sa puanteur et sa bêche qui ont pour moi des émotions profondes et de pâles frayeurs, c'est le lendemain tranquille, la vie qui reprend son cours sur la tombe à peine fermée, le repas où la famille s'assemble comme de coutume en sortant du cimetière.

Shakespeare l'entendait bien ainsi, lorsqu'au lieu de baisser le rideau sur le meurtre ou le suicide, il rassemblait autour des cadavres ses personnages secondaires et leur mettait dans la bouche des sentences philosophiques, ou le plus souvent des réflexions sur leurs propres affaires. Pour lui un drame n'était pas une scène d'échafaud ou d'assassinat; c'était une peinture de la vie, avec ses intérêts, ses passions, ses chances de succès ou de défaite; l'homme qui succombait n'était qu'un accident, un moyen pour dénouer l'entreprise de plusieurs.

Permettez-moi donc de ne vous conduire au Lagny qu'au bout du temps nécessaire pour dissiper la consternation et le deuil. Deux mois se sont écoulés. Il n'y a rien de changé dans cette maison, où je vous ai fait entrer par un soir d'hiver, si ce n'est que le printemps fleurit autour de ses murs rouges, encadrés de pierres grises, et de ses ardoises jaunies par une mousse séculaire. La famille, éparse, jouit de la douceur et des parfums de la soirée; le soleil couchant dore les vitres, et le bruit de la fabrique se mêle au bruit de la ferme. M. Delmare, assis sur les marches du perron, le fusil à la main, s'exerce à tuer des hirondelles au vol. Indiana, assise à son métier, près de la fenêtre du salon, se penche de temps en temps pour regarder tristement dans la cour le cruel divertissement du colonel; Ophélia bondit, aboie et s'indigne d'une chasse si contraire à ses habitudes; et sir Ralph, à cheval sur la rampe de pierre de l'escalier, fume un cigarre, et, comme à l'ordinaire, regarde d'un œil impassible le plaisir ou la contrariété d'autrui.

— Indiana! cria le colonel en posant son fusil, quittez donc votre ouvrage, vous vous fatiguez comme si vous étiez payée à tant par heure.

— Il fait encore grand jour, répondit madame Delmare.

— N'importe, venez donc à la fenêtre, j'ai quelque chose à vous dire.

Indiana obéit, et le colonel, se rapprochant de la fenêtre qui était au rez-de-chaussée, lui dit d'un air badin (comme peut l'avoir un mari vieux et jaloux) :

— Puisque vous avez bien travaillé aujourd'hui, et que vous êtes bien sage, je vais vous dire quelque chose qui vous fera plaisir.

Madame Delmare s'efforça de sourire, mais ce sourire eût fait le désespoir d'un homme plus délicat que le colonel.

— Vous saurez donc, continua-t-il, que, pour vous désennuyer, j'ai invité à déjeuner, pour demain, un de vos humbles adorateurs. Vous allez me demander lequel, car vous en avez, friponne, une assez jolie collection.....

— C'est peut-être notre bon vieux curé, dit madame Delmare, que la gaîté de son mari rendait toujours plus triste.

— Oh! pas du tout!

— Alors c'est le maire de Chailly ou le vieux notaire de Fontainebleau.

— Ruse de femme! Vous savez fort bien que ce ne sont pas ces gens-là. Allons, Ralph, dites à Madame le nom qu'elle a sur le bout des lèvres, mais qu'elle ne veut pas prononcer elle-même.

— Il ne faut pas tant de préparations pour lui annoncer M. de Ramière, dit tranquillement sir Ralph en jetant son cigarre ; je suppose que cela lui est fort indifférent.

Madame Delmare sentit le feu lui monter au visage, elle feignit de chercher quelque chose dans le salon, et revenant avec un maintien aussi calme qu'elle put se le composer :

— J'imagine que c'est une plaisanterie, dit-elle en tremblant de tous ses membres.

— C'est fort sérieux, au contraire; vous le verrez ici demain à onze heures.

— Comment! cet homme qui s'est introduit chez vous pour s'emparer de votre découverte, et que vous avez failli tuer comme un malfaiteur?..... Vous êtes bien pacifiques l'un et l'autre d'oublier de pareils griefs!

— Vous m'avez donné l'exemple, ma très-chère, en l'accueillant fort bien chez votre tante où il vous a rendu visite....

Indiana pâlit.

— Je ne m'attribue nullement cette visite, dit-elle avec empressement, et j'en suis si peu flattée, qu'à votre place je ne le recevrais pas.

— Vous êtes toutes menteuses et rusées pour le plaisir de l'être! Vous avez dansé avec lui pendant tout un bal, m'a-t-on dit.

— On vous a trompé.

— Eh! c'est votre tante elle-même! Au

reste, ne vous en défendez pas tant ; je ne le trouve pas mauvais, puisque votre tante a désiré et aidé ce rapprochement entre nous. Il y a long-temps que M. de Ramière le cherche. Il m'a rendu, sans ostentation et presque à mon insu, des services importans pour mon exploitation, et comme je ne suis pas si féroce que vous le dites, comme aussi je ne veux pas avoir d'obligations à un étranger, j'ai songé à m'acquitter envers lui.

— Et comment?

— En m'en faisant un ami, en allant à Cercy ce matin avec sir Ralph. Nous avons trouvé là une bonne femme de mère qui est charmante, un intérieur élégant et riche, mais sans ostentation, et qui ne sent nullement l'orgueil des vieux noms. Après tout, c'est un *bon enfant* que ce Ramière, et je l'ai invité à venir déjeuner avec nous et à visiter la fabrique. J'ai pris de bons renseignemens sur son frère, et je me suis assuré qu'il ne peut me faire de tort en se servant des mêmes

moyens que moi ; ainsi donc j'aime mieux
que cette famille en profite que toute autre ;
aussi bien, il n'est pas de secrets long-temps
gardés, et le mien pourra être bientôt celui
de la comédie si les progrès de l'industrie
vont ce train-là.

— Pour moi, dit sir Ralph, vous savez,
mon cher Delmare, que je vous ai toujours
désapprouvé en ceci : la découverte d'un bon
citoyen appartient à son pays autant qu'à lui,
et si je....

— Parbleu ! vous voilà bien, sir Ralph,
avec votre philanthropie pratique !.. Vous me
ferez croire que votre fortune ne vous appartient pas, et que si demain la nation en prend
envie, vous êtes prêt à changer vos cinquante mille francs de rente pour un bissac
et un bâton ? Cela sied bien à un *gaillard*
comme vous, qui aime les aises de la vie
comme un sultan, de prêcher le mépris des
richesses !

—Ce que j'en dis, reprit sir Ralph, ce n'est

point pour faire le philanthrope, c'est que l'égoïsme bien entendu nous conduit à faire du bien aux hommes pour les empêcher de nous faire du mal. Je suis égoïste, moi, c'est connu. Je me suis habitué à n'en plus rougir, et, en analysant toutes les vertus, j'ai trouvé pour base à toutes l'intérêt personnel. L'amour et la dévotion qui sont deux passions en apparence généreuses sont les plus intéressées peut-être qui existent; le patriotisme ne l'est pas moins, soyez-en sûr. J'aime peu les hommes, mais pour rien au monde je ne voudrais le leur prouver; car je les crains à proportion du peu d'estime que j'ai pour eux. Nous sommes donc égoïstes tous les deux; mais moi, je le confesse, et vous le niez.

Une discussion s'éleva entre eux, dans laquelle, par toutes les raisons de l'égoïsme, chacun chercha à prouver l'égoïsme de l'autre. Madame Delmare en profita pour se retirer dans sa chambre et pour s'abandonner à toutes les réflexions qu'une nouvelle si imprévue faisait naître en elle.

Il est bon non-seulement de vous initier au secret de ses pensées, mais encore de vous apprendre la situation des différentes personnes que la mort de Noun avait plus ou moins affectées.

Il est à peu près prouvé pour vous et pour moi que cette infortunée s'est jetée dans la rivière par désespoir, dans un de ces momens de crise violente où les résolutions extrêmes sont les plus faciles. Mais comme elle ne rentra probablement pas au château, après avoir quitté Raymon ; comme personne ne la rencontra et ne put être juge de ses intentions, aucun indice de suicide ne vint éclaircir le mystère de sa mort.

Deux personnes purent l'attribuer avec certitude à un acte de sa volonté, M. de Ramière et le jardinier du Lagny. La douleur de l'un fut cachée sous l'apparence d'une maladie. L'effroi et les remords de l'autre l'engagèrent à garder le silence. Cet homme, qui par cupidité s'était prêté pendant tout l'hiver aux entrevues des deux amans, avait seul pu observer les chagrins secrets de la jeune créole; craignant avec raison les reproches de ses maîtres et le blâme de ses égaux, il se tut par intérêt pour lui-même, et quand M. Delmare qui, d'après la découverte de cette intrigue, avait quelques soupçons, l'interrogea sur les suites qu'elle avait pu avoir en son absence, il nia hardiment qu'elle en eût eu aucune. Quelques personnes du pays (fort désert en cet endroit, il est bon de le remarquer) avaient bien vu Noun prendre quelquefois le chemin de Cercy à des heures avancées; mais aucune relation apparente n'avait existé entre elle et M. de Ramière depuis la fin de janvier, et la mort avait eu lieu le 28 mars. D'après ces renseignemens, on pouvait attribuer cet événement au hasard; traversant le parc à l'entrée de la nuit, elle avait pu être trompée par le brouillard épais qui régnait depuis plusieurs jours, s'égarer, et prendre à côté du pont anglais jeté sur ce ruisseau étroit, mais escarpé sur ses rives, et gonflé par les pluies.

Quoique sir Ralph, dont le caractère était plus observateur que ses réflexions ne l'annonçaient, eût trouvé dans je ne sais laquelle de ses sensations intimes de violentes causes de soupçons contre M. de Ramière, il ne les communiqua à personne, regardant comme inutile et cruel tout reproche à l'homme assez malheureux pour avoir un tel remords dans sa vie. Il fit même sentir au colonel qui énonçait devant lui une sorte de doute à cet égard qu'il était urgent, dans la situation maladive de madame Delmare, de continuer à lui cacher les causes possibles de suicide de sa compagne d'enfance. Il en fut donc de la mort de cette infortunée comme de ses amours. Il y eut une convention tacite de ne jamais en parler devant Indiana; et bientôt même on n'en parla plus du tout.

Mais ces précautions furent inutiles; car madame Delmare avait aussi ses raisons pour soupçonner une partie de la vérité. Les reproches amers qu'elle avait adressés à la malheureuse fille dans cette fatale soirée lui semblaient des causes suffisantes pour expliquer sa résolution subite. Aussi, depuis l'instant affreux où elle avait, la première, aperçu son cadavre flotter sur l'eau, le repos déjà si troublé d'Indiana, son cœur déjà si triste, avaient reçu la dernière atteinte; sa lente maladie marchait maintenant avec activité, et cette femme, si jeune et peut-être si forte, refusant de guérir, et cachant ses souffrances à l'affection peu clairvoyante et peu délicate de son mari, se laissait lentement mourir sous le poids du chagrin et de l'inertie.

—Malheur! malheur à moi! s'écria-t-elle en rentrant dans sa chambre, après avoir appris l'arrivée prochaine de Raymon chez elle. Malédiction sur cet homme qui n'est entré ici que pour y porter le désespoir et la mort!

Mon Dieu! pourquoi permettez-vous qu'il soit le maître entre vous et moi! qu'il s'empare à son gré de ma destinée! qu'il n'ait qu'à étendre la main pour dire : Elle est à moi! Je troublerai sa raison, je désolerai sa vie; et si elle me résiste, je répandrai le deuil autour d'elle, et je l'entourerai de remords, de regrets et de frayeurs? Mon Dieu! ce n'est pas juste qu'une pauvre femme soit ainsi persécutée.

Elle se mit à pleurer amèrement; car le souvenir de Raymon lui ramenait celui de Noun plus frais et plus déchirant.

— Ma pauvre Noun! ma pauvre camarade d'enfance! ma compatriote, ma seule amie! dit-elle avec douleur ; c'est cet homme qui est ton meurtrier. Malheureuse enfant! il t'a été funeste comme à moi! Toi qui m'aimais tant, qui seule devinais mes chagrins et savais les adoucir par ta gaîté naïve! Malheur à moi qui t'ai perdue! C'était bien la peine de t'amener de si loin! Par quels artifices cet homme a-t-il pu surprendre ainsi ta bonne foi et t'engager à commettre une lâcheté? Ah! sans doute, il t'a bien trompée, et tu n'as compris ta faute qu'en voyant mon indignation! J'ai été trop sévère, Noun, j'ai été sévère jusqu'à la cruauté ; je t'ai réduite au désespoir, je t'ai donné la mort ! Malheureuse ! que n'attendais-tu quelques heures, que le vent eût emporté comme une paille légère mon ressentiment contre toi? Que n'es-tu venue pleurer dans mon sein, me dire : J'ai été abusée, j'ai agi sans savoir ce que je faisais; mais vous le savez bien, je vous respecte et je vous aime? Je t'aurais pressée dans mes bras, nous aurions pleuré ensemble, et tu ne serais pas morte. Morte ! morte si jeune, si belle, si vivace ! Morte à dix-neuf ans, d'une si affreuse mort !

En pleurant ainsi sa compagne, Indiana pleurait aussi, à l'insu d'elle-même, les illusions de trois jours, trois jours les plus beaux de sa vie, les seuls qu'elle eût vécus ; car elle avait aimé durant ces trois jours avec une passion que Raymon, eût-il été le plus présomptueux des hommes, n'eût jamais pu imaginer. Mais plus cet amour avait été aveugle et violent, plus l'injure qu'elle avait reçue lui avait été sensible. Le premier amour d'un coeur comme le sien a tant de pudeur et de délicatesse !

Cependant Indiana avait cédé plus à un mouvement de honte et de dépit qu'à une volonté bien réfléchie. Je suis si peu adulateur de ma nature que je ne mets pas en doute le pardon qu'eût obtenu Raymon s'il eût eu quelques instants de plus pour l'implorer. Mais le sort avait déjoué son amour et son habileté, et madame Delmare croyait sincèrement le haïr désormais.

X.

Pour lui, ce n'était point fanfaronnade, ce n'était point dépit d'amour-propre qui lui faisaient ambitionner plus que jamais l'amour et le pardon de madame Delmare. Il croyait que c'était chose impossible, et nul autre amour de femme, nul autre bonheur sur la terre ne lui semblait valoir ceux-là. Il était fait ainsi. Un insatiable besoin d'événemens et de sensations dévorait sa vie. Il aimait la société avec ses lois et ses entraves, parce qu'elle lui offrait des alimens de combat et de résistance, et s'il avait horreur du bouleversement et de la licence, c'est parce qu'ils promettaient des jouissances tièdes et faciles.

Ne croyez pourtant pas qu'il eût été insensible à la perte de Noun. Dans le premier moment il se fit horreur à lui-même, et chargea des pistolets dans l'intention bien réelle de se brûler la cervelle; mais un sentiment louable l'arrêta. Que deviendrait sa mère?... sa mère âgée, débile!... cette pauvre femme dont la vie avait été si agitée et si douloureuse, qui ne vivait plus que pour lui, son unique bien, son seul espoir! Fallait-il briser son cœur, abréger le peu de jours qui lui restaient? Non, sans doute. La meilleure manière de réparer son crime, c'était de se consacrer désormais uniquement à sa mère, et c'est dans cette intention qu'il retourna auprès d'elle à Paris, et mit tous ses soins à lui faire oublier l'espèce d'abandon où il l'avait laissée durant une grande partie de l'hiver.

Raymon avait une incroyable puissance sur tout ce qui l'entourait; car à tout prendre, c'était, avec ses fautes et ses écarts de jeunesse, un homme supérieur dans la société. Nous ne vous avons pas dit sur quoi était basée sa réputation d'esprit et de talent, parce que cela était hors des événemens que nous avions à vous conter; mais il est temps de vous apprendre que ce Raymon dont vous venez de suivre les faiblesses, et de blâmer peut-être la légèreté, est un des hommes qui ont eu sur vos pensées le plus d'empire ou d'influence, quelle que soit aujourd'hui votre opinion. Vous avez dévoré ses brochures politiques, et souvent vous avez été entraîné en lisant les journaux du temps, par le charme irrésistible de son style et les grâces de sa logique courtoise et mondaine.

Je vous parle d'un temps déjà bien loin de nous, aujourd'hui que l'on ne compte plus par siècles, ni même par règnes, mais par ministères. Je vous parle de l'année Martignac, de cette époque de repos et de doute, jetée au milieu de notre ère politique, non comme un traité de paix, mais comme une convention d'armistice, de ces quinze mois du règne des doctrines, qui influèrent si singulièrement sur les principes et sur les mœurs, et qui peut-être ont préparé l'étrange issue de notre dernière révolution.

C'est dans ce temps qu'on vit fleurir de jeunes talens, malheureux d'être nés dans des jours de transition et de transaction, car ils payèrent leur tribut aux dispositions conciliatrices et fléchissantes de l'époque. Jamais, que je sache, on ne vit pousser si loin la science des mots et l'ignorance ou la dissimulation des choses. Ce fut le règne des restrictions, et je ne saurais dire quelles sortes de gens en usèrent le plus, des jésuites à robes courtes ou des avocats en longues robes. La modération politique était passée dans les mœurs comme la politesse des manières, et il en fut de cette première espèce de courtoisie comme de la seconde ; elle servit de masque aux antipathies, et leur apprit à combattre sans scandale et sans bruit. Il faut dire pourtant, à la décharge des jeunes hommes de cette époque, qu'ils furent souvent remorqués comme de légères embarcations par les gros navires, sans trop savoir où on les conduisait : joyeux et fiers qu'ils étaient de fendre les flots et d'enfler leurs voiles nouvelles.

Placé par sa naissance et sa fortune parmi les partisans de la royauté absolue, Raymon sacrifia aux idées *jeunes* de son temps, en s'attachant religieusement à la Charte. Du moins, ce fut là ce qu'il crut faire, et ce qu'il s'efforça de prouver. Mais les conventions tombées en désuétude sont sujettes à interprétation, et il en était déjà de la Charte de Louis XVIII comme de l'Évangile de Jésus-Christ. Ce n'était plus que des textes sur lesquels chacun s'exerçait à l'éloquence, sans qu'un discours tirât plus à conséquence qu'un sermon. Époque de luxe et d'indolence, où sur le bord d'un abîme sans fond la civilisation s'endormait, avide de jouir de ses dernières délices.

Raymon s'était donc placé sur cette espèce de ligne mitoyenne entre l'abus du pouvoir et celui de la licence, terrain mouvant où les gens de bien cherchaient encore, mais en vain, un abri contre la tourmente qui se préparait. A lui, comme à bien d'autres cerveaux sans expérience, le rôle de publiciste consciencieux semblait possible encore. Erreur dans un temps où l'on ne feignait de déférer à la voix de la raison que pour l'étouffer plus sûrement de part et d'autre! Homme sans passions politiques, Raymon croyait être sans intérêts, et il se trompait lui-même, car la société, organisée comme elle l'était alors, lui était favorable et avantageuse, elle ne pouvait pas être dérangée sans que la somme de son bien-être fût diminuée, et c'est un merveilleux enseignement à la modération que cette parfaite quiétude de situation qui se communique à la pensée. Quel homme est assez ingrat envers la Providence pour lui reprocher le malheur des autres, si pour lui elle n'a eu que des sourires et des bienfaits? Comment eût-on pu persuader à ces jeunes appuis de la monarchie constitutionnelle que la constitution était déjà vieille, qu'elle pesait sur le corps social et le fatiguait, lorsqu'ils la trouvaient légère envers eux, et n'en recueillaient que les avantages? Qui croit à la misère qu'il ne connaît pas?

Rien n'est si facile et si commun que de se duper soi-même quand on ne manque pas d'esprit, et quand on connaît bien toutes les finesses de la langue française. C'est une reine prostituée qui descend ou s'élève à tous les rôles, qui se déguise, se pare, se dissimule et s'efface; c'est une plaideuse qui a réponse à tout, qui a toujours tout prévu, et qui prend mille formes pour avoir raison. Le plus honnête des hommes est celui qui pense et qui agit le mieux, mais le plus puissant est celui qui sait le mieux écrire et parler.

Dispensé par sa fortune d'écrire pour de l'argent, Raymon écrivait par goût et (disait-il de bonne foi) par devoir. Cette rare faculté qu'il possédait de réfuter par le talent la vérité positive, en avait fait un homme précieux au ministère qu'il servait bien plus par ses résistances impartiales que ne le faisaient ses créatures par leur dévouement aveugle, précieux encore plus à ce monde élégant et jeune qui voulait bien abjurer les ridicules de ses anciens priviléges, mais qui voulait aussi conserver le bénéfice de ses avantages présens.

C'étaient des hommes d'un grand talent en effet que ceux qui retenaient encore la société prête à crouler dans l'abîme, et qui, suspendus eux-mêmes entre deux écueils, luttaient avec calme et aisance contre la rude vérité qui allait les engloutir. Réussir de la sorte à se faire une conviction contre toute espèce de vraisemblance, et à la faire prévaloir quelque temps parmi des hommes sans conviction aucune, c'est l'art qui me confond le plus, et qui surpasse toutes mes facultés à moi, esprit rude et grossier, qui n'ai pas étudié les vérités de rechange.

Raymon ne fut donc pas plutôt rentré dans ce monde, son élément et sa patrie, qu'il en ressentit les influences vitales et excitantes. Les petits intérêts d'amour qui l'avaient préoccupé s'effacèrent un instant devant des intérêts plus larges et plus brillans. Il y porta la même hardiesse, les mêmes ardeurs, et quand il se vit recherché plus que jamais par ce que Paris avait de plus distingué, il sentit que plus que jamais il aimait la vie. Était-il coupable d'oublier un secret remords pour recueillir la récompense méritée des services rendus à sa patrie? Il sentait dans son cœur jeune, dans sa tête active, dans tout son être vivace et robuste, la vie déborder par tous les pores. La destinée le faisait heureux malgré lui, et alors il demandait pardon à une ombre irritée qui venait quelquefois gémir dans ses rêves, d'avoir cherché dans l'attachement des vivans un appui contre les terreurs de la tombe.

Il n'eut pas plus tôt repris à la vie qu'il sentit, comme par le passé, le besoin de mêler des pensées d'amour et des projets d'aventure à ses méditations politiques, à ses rêves d'ambition et de philosophie. Je dis ambition, non pas celle des honneurs et de l'argent, dont il n'avait que faire, mais celle de la réputation et de la popularité aristocratique.

Il avait d'abord désespéré de revoir jamais madame Delmare après le tragique dénouement de sa double intrigue. Mais tout en mesurant l'étendue de sa perte, tout en couvant par la pensée le trésor qui lui échappait, l'espoir lui vint de le ressaisir, et en même temps la volonté et la confiance. Il calcula les obstacles qu'il rencontrerait, et comprit que les plus difficiles à vaincre au commencement viendraient d'Indiana elle-même. Il fallait donc faire protéger l'attaque par le mari; ce n'était pas une idée neuve, mais elle était sûre. Les maris jaloux sont particulièrement propres à ce genre de service.

Quinze jours après que cette idée fut conçue, Raymon était sur la route du Lagny où on l'attendait à déjeuner. Vous n'exigez pas que je vous dise matériellement par quels services adroitement rendus il avait trouvé le moyen de se rendre agréable à M. Delmare; j'aime mieux, puisque je suis en train de vous révéler les traits des personnages de cette histoire, vous esquisser vite ceux du colonel.

Et d'abord, pardon si je touche d'une main indiscrète et profane à quelque objet de votre culte, si j'ose sans clignoter contempler au travers de son auréole de gloire un de ces colosses que respecta le canon de Waterloo. Peintre fidèle, mais sans génie, je ne sais rien poétiser, et loin de m'éprendre de mon modèle, je le reflète sur la toile avec toutes ses taches, toutes ses incorrections de nature.

Savez-vous ce qu'en province on appelle un *honnête homme?* C'est celui qui n'empiète pas sur le champ de son voisin, qui n'exige pas de ses créanciers un sou de plus qu'ils ne lui doivent, qui ôte son chapeau à tout individu qui le salue ; c'est celui qui ne viole pas les filles sur la voie publique, qui ne met le feu à la grange de personne, qui ne détrousse pas les passans au coin de son parc. Pourvu qu'il respecte religieusement la vie et la bourse de ses concitoyens, on ne lui demande pas compte d'autre chose. Il peut battre sa femme, maltraiter ses gens, ruiner ses enfans, cela ne regarde personne. La société ne condamne que les actes qui lui sont nuisibles. La vie privée n'est pas de son ressort.

Telle était la morale de M. Delmare. Il n'avait jamais étudié d'autre contrat social que celui-ci: *Chacun chez soi*. Il traitait toutes les délicatesses du cœur de puérilités féminines et de subtilités sentimentales. Homme sans esprit, sans tact et sans éducation, il jouissait d'une plus solide considération que celle qu'on obtient par les talens et la bonté. Il avait de larges épaules, un vigoureux poignet, il maniait parfaitement le sabre et l'épée, et avec cela il possédait une susceptibilité ombrageuse. Comme il ne comprenait pas toujours la plaisanterie, il était sans cesse préoccupé de l'idée qu'on se moquait de lui. Incapable de répondre d'une manière convenable, il n'avait qu'un moyen de se défendre : c'était d'imposer silence par des menaces. Ses épigrammes favorites roulaient toujours sur des coups de bâton à donner et des affaires d'honneur à vider : moyennant quoi, la province accompagnait toujours son nom de l'épithète de *brave*, parce que la bravoure militaire, c'est apparemment d'avoir de larges épaules, de grandes moustaches, de jurer fort et de mettre l'épée à la main pour la moindre affaire.

Dieu me préserve de croire que la vie des camps abrutisse tous les hommes! mais vous me permettrez de penser qu'il faut un grand fonds de savoir-vivre pour résister à ces habitudes de domination passive et brutale. Si vous avez servi, vous connaissez parfaitement ce que les soldats appellent *culotte de peau*, et vous avouerez que le nombre en est grand parmi les débris des vieilles cohortes impériales. Ces hommes qui, réunis et poussés par une main puissante, accomplirent de si magiques exploits, grandissaient comme des géans dans la fumée des batailles: mais, retombés dans la vie civile, les héros n'étaient plus que des soldats, hardis et grossiers compagnons qui raisonnaient comme des machines; heureux quand ils n'agissaient pas dans la société comme en pays conquis!

Ce fut la faute du siècle plutôt que la leur. Esprits naïfs, ils ajoutèrent foi aux adulations de la gloire, et se laissèrent persuader qu'ils étaient de grands patriotes parce qu'ils défendaient leur patrie, les uns malgré eux, les autres pour de l'argent. Encore comment la défendirent-ils, ces milliers d'hommes qui embrassèrent aveuglément l'erreur d'un seul, et qui, après avoir sauvé la France, la perdirent si misérablement? Et puis, si le dévouement des soldats pour le capitaine vous semble grand et noble, soit; à moi aussi : mais j'appelle cela de la fidélité, non du patriotisme; je félicite les vainqueurs de l'Espagne, et ne les remercie pas. Quant à l'honneur du nom français, je ne comprends nullement cette manière de l'établir chez nos voisins, et j'ai peine à croire que les généraux de l'Empereur en fussent bien pénétrés, à cette triste époque de notre gloire : mais je sais qu'il est défendu de parler impartialement de ces choses; je me tais, la postérité nous jugera.

M. Delmare avait toutes les qualités et tous les défauts de ces hommes. Candide jusqu'à l'enfantillage sur certaines délicatesses du point d'honneur, il savait fort bien conduire ses intérêts à la meilleure fin possible sans s'inquiéter du bien ou du mal qui pouvait en résulter pour autrui. Toute sa conscience, c'était la loi; toute sa morale, c'était son droit. C'était une de ces probités sèches et rigides qui n'empruntent rien de peur de ne pas rendre, et qui ne prêtent pas davantage de peur de ne pas recouvrer. C'était l'honnête homme qui ne donne rien et ne vole rien; qui aimerait mieux mourir que de dérober un fagot dans les forêts du roi, mais qui vous tuerait sans façon pour un fétu pris dans la sienne. Utile à lui seul, il n'était nuisible à personne. Il ne se mêlait de rien autour de lui de peur d'être forcé de rendre un service. Mais quand il se croyait engagé par honneur à le rendre, nul n'y mettait un zèle plus actif et une franchise plus chevaleresque. A la fois confiant comme un enfant, soupçonneux comme un despote, il croyait à un faux serment et se défiait d'une promesse sincère. Comme dans l'état militaire, tout pour lui consistait dans la forme. Le bon sens et la raison n'entraient pour rien dans ses décisions, et quand il avait dit : *Cela se fait*, il croyait avoir posé un argument sans réplique.

C'était donc la nature la plus antipathique à celle de sa femme, le cœur le moins fait pour la comprendre, l'esprit le plus incapable de l'apprécier. Et pourtant, il est certain que l'esclavage avait engendré dans ce cœur de femme une sorte d'aversion vertueuse et muette, qui n'était pas toujours juste. Madame Delmare doutait trop du cœur de son mari. Il n'était que dur, et elle le jugeait cruel. Il y avait plus de rudesse que de colère dans ses emportemens, plus de grossièreté que d'insolence dans ses manières. La nature ne l'avait pas fait méchant, il avait des instans de pitié qui l'amenaient au repentir, et dans le repentir il était presque sensible. C'était la vie des camps qui avait érigé chez lui la brutalité en principe. Avec une femme moins polie et moins douce, il eût été craintif comme un loup apprivoisé. Mais cette femme était rebutée de son sort, elle ne se donnait pas la peine de chercher à le rendre meilleur.

XI.

—

En descendant de son tilbury dans la cour de la ferme, Raymon sentit le cœur lui manquer. Il allait donc rentrer sous ce toit qui lui rappelait de si terribles souvenirs. Remarquez que ses raisonnemens d'accord avec ses passions pouvaient lui faire surmonter les mouvemens de son cœur, mais non les étouffer, et que dans cet instant ses fibres vibraient aussi déliées sous la sensation du remords que devant celle du désir.

La première figure qui vint à sa rencontre fut celle de sir Ralph Brown, et il crut, à le voir dans son éternel habit de chasse, flanqué de ses chiens, et grave comme un laird écossais, voir marcher le portrait qu'il avait découvert dans la chambre de madame Delmare. Peu d'instans après vint le colonel, et l'on servit le déjeuner sans qu'Indiana eût paru. Raymon, en traversant le vestibule, en passant devant la salle de billard, en reconnaissant ces lieux qu'il avait aperçus dans des circonstances si différentes, se sentait si mal qu'il se rappelait à peine dans quel dessein il y venait maintenant.

— Décidément, madame Delmare ne veut pas descendre? dit le colonel à son factotum Lelièvre avec quelque aigreur.

— Madame a mal dormi, répondit Lelièvre, et mademoiselle Noun!... (Allons, toujours ce diable de nom qui me revient!) Mademoiselle Fanny, veux-je dire, m'a répondu que madame reposait maintenant.

— D'où vient donc que je viens de la voir à sa fenêtre? Fanny s'est trompée. Allez avertir madame que le déjeuner est servi..... Ou plutôt, sir Ralph, mon cher parent, veuillez monter, et voir par vous-même si votre cousine est malade pour tout de bon?

Si le nom malheureux échappé par habitude au domestique avait fait passer un frisson douloureux sur les nerfs de Raymon, l'expédient du colonel leur communiqua une étrange sensation de colère et de jalousie.

— Dans sa chambre! pensa-t-il. Il ne se borne pas à y placer son portrait, il l'y envoie en personne. Cet Anglais a ici des droits que le mari lui-même semble n'oser pas s'attribuer.

M. Delmare, comme s'il eût deviné les réflexions de Raymon :

—Que cela ne vous étonne pas, dit-il, M. Brown est le médecin de la maison; et puis c'est notre cousin, un brave garçon que nous aimons de tout notre cœur.

Ralph resta bien absent dix minutes. Raymon était distrait, mal à l'aise, il ne mangeait pas, il regardait souvent la porte. Enfin l'Anglais reparut.

—Indiana n'est réellement pas bien, dit-il, je lui ai prescrit de se recoucher.

Il se remit à table d'un air tranquille, et mangea d'un robuste appétit. Le colonel fit de même.

— Décidément, pensa Raymon, c'est un prétexte pour ne pas me voir. Ces deux hommes n'y croient pas, et le mari est plus mécontent que tourmenté de l'état de sa femme. C'est bien, mes affaires marchent mieux que je n'espérais.

La difficulté ranima la volonté, et l'image de Noun s'effaça de ces sombres lambris qui, au premier abord, l'avaient glacé de terreur.

Bientôt il n'y vit plus errer que la forme légère de madame Delmare. Au salon, il s'assit à son métier, examina les fleurs de sa broderie, toucha toutes les soies, respira le parfum que ses petits doigts y avaient laissé. Il avait déjà vu cet ouvrage dans la chambre d'Indiana; alors il était à peine commencé, maintenant il était couvert de fleurs écloses sous le souffle de la fièvre, arrosées des larmes de chaque jour. Raymon sentit les siennes venir au bord de ses paupières, et par je ne sais quelle sympathie, il leva tristement les yeux sur l'horizon qu'Indiana avait l'habitude mélancolique de contempler, et aperçut au loin les murailles blanches de Cercy qui se détachaient sur un fond de terres brunes.

La voix du colonel le réveilla en sursaut.

— Allons, mon honnête voisin, lui dit-il, il est temps de m'acquitter envers vous et de tenir mes promesses. La fabrique est en plein mouvement et les ouvriers sont tous à la besogne; voici des crayons et du papier afin que vous puissiez prendre des notes.

Raymon suivit le colonel, examina la fabrique d'un air empressé et curieux, fit des observations qui prouvèrent que les sciences chimiques et la mécanique lui étaient également familières, se prêta avec une inconcevable patience aux dissertations sans fin de M. Delmare, entra dans quelques-unes de ses idées, en combattit quelques autres, et en tout se conduisit de manière à persuader qu'il mettait à toutes ces choses un puissant intérêt, tandis qu'il y songeait à peine et que toutes ses pensées étaient tournées vers madame Delmare.

A vrai dire, aucune science ne lui était étrangère, aucune découverte indifférente; en outre, il servait les intérêts de son frère qui avait réellement mis toute sa fortune dans une exploitation semblable; quoique beaucoup plus vaste. Les connaissances exactes de M. Delmare, seul genre de supériorité que cet homme possédât, lui présentaient en ce moment le meilleur côté à exploiter dans son entretien.

Sir Ralph, peu commerçant, mais politique fort sage, joignait à l'examen de la fabrique des considérations économiques d'un ordre assez élevé. Les ouvriers, jaloux de montrer leur habileté à un *connaisseur*, se surpassaient eux-mêmes en intelligence et en activité. Raymon voyait tout, entendait tout, répondait à tout, et ne pensait qu'à l'affaire d'amour qui l'amenait en ce lieu.

Quand ils eurent épuisé le mécanisme intérieur, la discussion tomba sur le volume et la force du cours d'eau. Ils sortirent et, grimpant sur l'écluse, chargèrent le maître ouvrier d'en soulever les pelles et de constater les variations de la crue.

— Monsieur, dit cet homme en s'adressant à M. Delmare qui fixait le maximum à quinze pieds, faites excuse, nous l'avons vu cette année à dix-sept.

—Et quand cela? Vous vous trompez, dit le colonel.

— Pardon, Monsieur, c'est la veille de votre retour de Belgique; tenez, la nuit où mademoiselle Noun s'est trouvée noyée; à preuve que le corps a passé par-dessus la digue que voici là-bas et ne s'est arrêté qu'ici, à la place où est Monsieur.

En parlant ainsi d'un ton animé, l'ouvrier désignait la place occupée par Raymon. Le malheureux jeune homme devint pâle comme la mort, il jeta un regard effaré sur l'eau qui coulait à ses pieds; il lui sembla, en voyant s'y répéter sa figure livide, que le cadavre y flottait encore; un vertige le saisit, et il fût tombé dans la rivière si M. Brown ne l'eût pris par le bras et ne l'eût entraîné loin de là.

— Soit, dit le colonel, qui ne s'apercevait de rien et songeait si peu à Noun qu'il ne se doutait pas de l'état de Raymon; mais c'est un cas extrordinaire, et la force moyenne du cours est de...... Mais que diable avez-vous tous deux? dit-il en s'arrêtant tout-à-coup.

— Rien, répondit sir Ralph; j'ai marché, en me retournant, sur le pied de Monsieur; j'en suis au désespoir, je dois lui avoir fait beaucoup de mal.

Sir Ralph fit cette réponse d'un ton si calme et si naturel, que Raymon se persuada qu'il croyait dire la vérité. Quelques mots de politesse furent échangés, et la conversation reprit son cours.

Raymon quitta le Lagny quelques heures après sans avoir vu madame Delmare. C'était mieux qu'il n'espérait : il avait craint de la voir indifférente et calme.

Cependant il y retourna sans être plus heureux. Le colonel était seul cette fois. Raymon mit en œuvre toutes les ressources de son esprit pour l'accaparer, et descendit adroitement à mille condescendances, vanta Napoléon qu'il n'aimait pas, déplora l'indifférence du gouvernement qui laissait dans l'abandon et dans une sorte de mépris les illustres débris de la Grande-Armée, poussa l'opposition aussi loin que ses opinions lui permettaient de l'étendre, et parmi plusieurs de ses croyances, choisit celles qui pouvaient flatter la croyance de M. Delmare. Il se fit même un caractère différent du sien propre afin d'attirer sa confiance. Il se transforma en bon vivant, en facile camarade, en insouciant vaurien.

— Si jamais celui-là fait la conquête de ma femme !..... se dit le colonel en le regardant s'éloigner.

Puis il se mit à ricaner en lui-même et à penser que Raymon était un *charmant garçon*.

Madame de Ramière était alors à Cercy; Raymon lui vanta les grâces et l'esprit de madame Delmare, et, sans l'engager à lui rendre visite, eut l'art de lui en inspirer la pensée.

— Au fait, dit-elle, c'est la seule de mes voisines que je ne connaisse pas, et comme je suis nouvellement installée dans le pays, c'est à moi de commencer. Nous irons la semaine prochaine au Lagny ensemble.

Ce jour arriva.

—Elle ne peut plus m'éviter, pensa Raymon.

En effet, madame Delmare ne pouvait plus reculer devant la nécessité de le recevoir : en voyant descendre de voiture une femme âgée qu'elle ne connaissait point, elle vint même à sa rencontre sur le perron du château. En même temps, elle reconnut Raymon dans l'homme qui l'accompagnait, mais elle comprit qu'il avait trompé sa mère pour l'amener à cette démarche, et le mécontentement qu'elle en éprouva lui donna la force d'être digne et calme. Elle reçut madame de Ramière avec un mélange de respect et d'affabilité, mais sa froideur pour Raymon fut si glaciale, qu'il se sentit incapable de la supporter long-temps. Il n'était point accoutumé aux dédains, et sa fierté s'irrita de ne pouvoir vaincre d'un regard ceux qu'on avait préparés contre lui. Alors, prenant son parti, comme un homme indifférent à un caprice, il demanda la permission d'aller rejoindre M. Delmare dans le parc, et laissa les deux femmes ensemble.

Peu à peu Indiana, vaincue par le charme entraînant qu'un esprit supérieur, joint à une ame noble et généreuse, sait répandre dans ses moindres relations, devint à son tour, avec madame de Ramière, bonne, affectueuse et presque enjouée. Elle n'avait pas connu sa mère, et madame de Carvajal, malgré ses dons et ses louanges, était loin d'en être une pour elle ; aussi éprouva-t-elle une sorte de fascination du cœur auprès de la mère de Raymon.

Quand celui-ci vint la rejoindre, au moment de monter en voiture, il vit Indiana porter à ses lèvres la main que lui tendait madame de Ramière. Cette pauvre Indiana éprouvait le besoin de s'attacher à quelqu'un. Tout ce qui lui offrait un espoir d'intérêt et de protection dans sa vie solitaire et malheureuse était reçu d'elle avec transport; et puis elle se disait que madame de Ramière allait la préserver du piége ou Raymon voulait la pousser.

— Je me jetterai dans les bras de cette excellente femme, pensait-elle déjà, et, s'il le faut, je lui dirai tout. Je la conjurerai de me sauver de son fils, et sa prudence veillera sur lui et sur moi.

Tel n'était pas le raisonnement de Raymon.

—Ma bonne mère! se disait-il en revenant avec elle à Cercy, sa grâce et sa bonté font des miracles; que ne leur dois-je pas déjà! Mon éducation, mes succès dans la vie, ma considération dans le monde. Il ne me manquait que le bonheur de lui devoir le cœur d'une femme comme Indiana.

Raymon, comme on voit, aimait sa mère

à cause du besoin qu'il avait d'elle et du bien-être qu'il en recevait; c'est ainsi que tous les enfans aiment la leur.

Quelques jours après, Raymon reçut l'invitation d'aller passer trois jours à Bellerive, magnifique terre d'agrément que possédait sir Ralph Brown entre Cercy et le Lagny, et où il s'agissait, de concert avec les meilleurs chasseurs du voisinage, de détruire une partie du gibier qui dévorait les bois et les jardins du propriétaire. Raymon n'aimait ni sir Ralph ni la chasse. Mais madame Delmare faisait ordinairement les honneurs de la maison de son cousin dans les grandes occasions, et l'espoir de la rencontrer n'eut pas de peine à déterminer Raymon.

Le fait est que sir Ralph ne comptait point cette fois sur madame Delmare; elle s'était excusée sur le mauvais état de sa santé. Mais le colonel qui prenait de l'humeur quand sa femme semblait chercher des distractions, en prenait encore davantage quand elle refusait celles qu'il voulait bien lui permettre.

— Ne voulez-vous pas faire croire à tout le pays que je vous tiens sous clef? lui dit-il. Vous me faites passer pour un mari jaloux; c'est un rôle ridicule et que je ne veux pas jouer plus long-temps. Que signifie d'ailleurs ce manque d'égards envers votre cousin? Vous sied-il, quand nous devons l'établissement et la prospérité de notre industrie à son amitié, de lui refuser un si léger service? Vous lui êtes nécessaire, et vous hésitez; je ne conçois pas vos caprices. Tous les gens qui me déplaisent sont fort bien venus auprès de vous; mais ceux dont je fais cas ont le malheur de ne pas vous agréer.

— C'est un reproche bien mal appliqué, ce me semble, répondit madame Delmare. J'aime mon cousin comme un frère, et cette amitié était déjà vieille quand la vôtre a commencé.

— Oui! oui! voilà vos belles paroles; mais je sais, moi, que vous ne le trouvez pas assez sentimental; le pauvre diable! vous le traitez d'égoïste parce qu'il n'aime pas les romans et ne pleure pas la mort d'un chien. Au reste, ce n'est pas de lui seulement qu'il s'agit. Comment avez-vous reçu M. de Ramière ? un charmant jeune homme, sur ma parole. Madame de Carvajal vous le présente, et vous l'accueillez à merveille. Mais j'ai le malheur de lui vouloir du bien, alors vous le trouvez insoutenable, et quand il arrive chez vous, vous allez vous coucher. Voulez-vous me faire passer pour un homme sans usage ? Il est temps que tout cela finisse, et que vous vous mettiez à vivre comme tout le monde.

Raymon jugea qu'il ne convenait point à ses projets de montrer beaucoup d'empressement ; les menaces d'indifférence réussissent auprès de presque toutes les femmes qui se croient aimées. Mais la chasse était commencée depuis le matin quand il arriva chez sir Ralph, et madame Delmare devait n'arriver qu'à l'heure du dîner. En attendant, il se mit à préparer sa conduite.

Il lui vint à l'esprit de chercher un moyen de justification; car le moment approchait. Il avait deux jours devant lui, et il fit ainsi le partage de son temps : le reste de la journée prête à finir, pour émouvoir; le lendemain, pour persuader; le surlendemain, pour être heureux. Il regarda même à sa montre, et calcula, à une heure près, les chances de succès ou de défaite de son entreprise.

XII.

Il était depuis deux heures dans le salon, lorsqu'il entendit dans la pièce voisine la voix douce et un peu voilée de madame Delmare. A force de réfléchir à son projet de séduction, il s'était passionné comme un auteur pour son sujet, comme un avocat pour sa cause, et l'on pourrait comparer l'émotion qu'il éprouva, en voyant Indiana, à celle d'un acteur bien pénétré de son rôle qui se trouve en présence du principal personnage du drame et ne distingue plus les impressions factices de la scène d'avec la réalité.

Elle était si changée, qu'un sentiment d'intérêt sincère se glissa pourtant chez Raymon parmi les agitations nerveuses de son cerveau. Le chagrin et la maladie avaient imprimé des traces si profondes sur son visage, qu'elle n'était presque plus jolie, et qu'il y avait maintenant plus de gloire que de plaisir à entreprendre sa conquête.... Mais Raymon se devait à lui-même de rendre à cette femme le bonheur et la vie.

A la voir si pâle et si triste, il jugea qu'il n'aurait pas à lutter contre une volonté bien ferme. Une enveloppe si frêle pouvait-elle cacher une forte résistance morale?

Il pensa qu'il fallait d'abord l'intéresser à elle-même, l'effrayer de son infortune et de son dépérissement, pour ouvrir ensuite son ame au désir et à l'espoir d'une meilleure destinée.

—Indiana! lui dit-il avec une assurance secrète, parfaitement cachée sous un air de tristesse profonde; c'est donc ainsi que je devais vous retrouver? Je ne savais pas que cet instant, si long-temps attendu, si avidement cherché, m'apporterait une si affreuse douleur!

Madame Delmare s'attendait peu à ce langage. Elle croyait surprendre Raymon dans l'attitude d'un coupable confus et timide devant elle; et au lieu de s'accuser, de raconter son repentir et sa douleur, il n'avait de chagrin et de pitié que pour elle! Elle était donc bien abattue et bien brisée puisqu'elle inspirait la commisération à ceux qui eussent dû implorer la sienne?

Une Française, une personne du monde n'eût pas perdu la tête dans une situation si délicate; mais Indiana n'avait pas d'*usage*, elle ne possédait ni l'habileté ni la dissimulation nécessaires pour conserver l'avantage de la position. Cette parole lui mit sous les yeux tout le tableau de ses souffrances, et des larmes vinrent briller au bord des ses paupières.

— Je suis malade en effet, dit-elle en s'asseyant, faible et lasse, sur le fauteuil que Raymon lui présentait ; je me sens bien mal, et devant vous, Monsieur, j'ai le droit de me plaindre.

Raymon n'espérait pas aller si vite. Il saisit, comme on dit, l'occasion aux cheveux, et s'emparant d'une main qu'il trouva sèche et froide :

— Indiana ! lui dit-il, ne dites pas cela, ne dites pas que je suis l'auteur de vos maux ; car vous me rendriez fou de douleur et de joie.

— Et de joie ? répéta-t-elle en attachant sur lui de grands yeux bleus pleins de tristesse et d'étonnement.

— J'aurais dû dire d'espérance; car si j'ai causé vos chagrins, Madame, je puis peut-être les faire cesser. Dites un mot, ajouta-t-il, en se mettant à genoux près d'elle sur un des coussins du divan, demandez-moi mon sang, ma vie!..

— Ah! taisez-vous, dit Indiana avec amertume en lui retirant sa main; vous avez odieusement abusé des promesses; essayez donc de réparer le mal que vous avez fait.

— Je le veux, je le ferai, s'écria-t-il en cherchant à ressaisir sa main!

— Il n'est plus temps, dit-elle; rendez-moi donc ma compagne, ma sœur, rendez-moi Noun, ma seule amie!

Un froid mortel courut de veine en veine chez Raymon. Cette fois il n'eut pas besoin d'aider à son émotion, il en est qui s'éveillent puissantes et terribles sans le secours de l'art.

—Elle sait tout, pensa-t-il, et elle me juge.

Rien n'était si humiliant pour lui que de se voir reprocher son crime par celle qui en avait été l'innocente complice, rien de si amer que de voir Noun pleurée par sa rivale.

—Oui, Monsieur, dit Indiana en relevant son visage baigné de larmes, c'est vous qui en êtes cause...

Mais elle s'arrêta en voyant la pâleur de Raymon. Elle devait être effrayante, car il n'avait jamais tant souffert.

Alors toute la bonté de son cœur et toute la tendresse involontaire que cet homme lui inspirait reprirent leurs droits sur madame Delmare.

—Pardon! dit-elle avec effroi; je vous fais bien du mal, j'ai tant souffert! Asseyez-vous, et parlons d'autre chose.

Ce prompt mouvement de douceur et de générosité rendit plus profonde l'émotion de Raymon; des sanglots s'échappèrent de sa poitrine. Il porta la main d'Indiana à ses lèvres, et la couvrit de pleurs et de baisers. C'était la première fois qu'il pouvait pleurer depuis la mort de Noun, et c'était Indiana qui soulageait son ame de ce poids terrible.

— Oh! puisque vous la pleurez ainsi, dit-elle, vous qui ne l'avez pas connue ; puisque vous regrettez si vivement le mal que vous m'avez fait, je n'ose plus vous le reprocher. Pleurons-la ensemble, Monsieur, afin que, du haut des cieux, elle nous voie et nous pardonne !

Une sueur froide glaça le front de Raymon. Si ces mots : *Vous qui ne l'avez pas connue*, l'avaient délivré d'une cruelle anxiété, cet appel à la mémoire de sa victime dans la bouche innocente d'Indiana, le frappa d'une terreur superstitieuse. Oppressé, il se leva, et marcha avec agitation vers une fenêtre sur le bord de laquelle il s'assit pour respirer. Indiana resta silencieuse et profondément émue. Elle éprouvait, à voir Raymon pleurer ainsi comme un enfant et défaillir comme une femme, une sorte de joie secrète.

— Il est bon ! se disait-elle tout bas ; il m'aime, son cœur est chaud et généreux. Il a commis une faute, mais son repentir l'expie, et j'aurais dû lui pardonner plus tôt.

Elle le contemplait avec attendrissement, elle retrouvait sa confiance en lui, elle prenait les remords du coupable pour le repentir de l'amour.

— Ne pleurez plus, dit-elle en se levant et en s'approchant de lui; c'est moi qui l'ai tuée, c'est moi seule qui suis coupable. Ce remords pèsera sur toute ma vie, j'ai cédé à un mouvement de défiance et de colère, je l'ai humiliée, blessée au cœur. J'ai rejeté sur elle toute l'aigreur que je me sentais contre vous, c'est vous seul qui m'aviez offensée, et j'en ai puni ma pauvre amie; j'ai été bien dure envers elle...

— Et envers moi, dit Raymon oubliant tout-à-coup le passé pour ne songer plus qu'au présent.

Madame Delmare rougit.

— Je n'aurais peut-être pas dû vous accuser de la perte cruelle que j'ai faite dans cette affreuse nuit, dit-elle; mais je ne puis oublier l'imprudence de votre conduite envers moi. Le peu de délicatesse d'un projet si romanesque et si coupable m'a fait bien du mal... Je me croyais aimée alors !.... et vous ne me respectiez seulement pas !

Raymon reprit sa force, sa volonté, son amour, ses espérances; la sinistre impression qui l'avait glacé s'effaça comme un cauchemar. Il s'éveilla, jeune, ardent, plein de désirs, de passions et d'avenir.

— Je suis coupable si vous me haïssez, dit-il en se jetant à ses pieds avec énergie ; mais si vous m'aimez, je ne le suis pas, je ne l'ai jamais été; dites, Indiana, m'aimez-vous ?

— Le méritez-vous ? lui dit-elle.

— Si pour te mériter, dit Raymon, il faut t'aimer avec adoration...

— Écoutez, dit-elle en lui abandonnant ses mains et en fixant sur lui ses grands yeux humides, où par instans brillait un feu sombre, écoutez : savez-vous ce que c'est qu'aimer une femme comme moi ! Non, vous ne le savez pas. Vous avez cru qu'il s'agissait de satisfaire au caprice d'un jour. Vous avez jugé de mon cœur par tous ces cœurs blasés où vous avez exercé jusqu'ici votre empire éphémère. Vous ne savez pas que, moi, je n'ai pas encore aimé et que je ne donnerai pas mon cœur vierge et entier en échange d'un cœur flétri et ruiné, mon amour enthousiaste pour un amour tiède, ma vie tout entière en échange d'un jour rapide.

— Madame, je vous aime avec passion ; mon cœur aussi est jeune et brûlant, et s'il n'est pas digne du vôtre, nul cœur d'homme ne le sera jamais. Je sais comment il faut vous aimer. Je n'avais pas attendu jusqu'à ce jour pour le comprendre. Ne sais-je pas votre vie, ne vous l'ai-je pas racontée au bal, la première fois que je pus vous parler? N'ai-je pas lu toute l'histoire de votre cœur, dans le premier de vos regards qui vint tomber sur moi? Et de quoi donc serais-je épris?

De votre beauté seulement? Ah! sans doute, il y a là de quoi faire délirer un homme moins ardent et moins jeune; mais, moi, si je l'adore cette enveloppe délicate et gracieuse, c'est parce qu'elle renferme une ame pure et divine, c'est parce qu'un feu céleste l'anime, et qu'en vous je ne vois pas seulement une femme, mais un ange.

— Je sais que vous possédez le talent de louer; mais n'espérez pas émouvoir ma vanité. Je n'ai pas besoin d'hommages, mais d'affection. Il faut m'aimer sans partage, sans retour, sans réserve; il faut être prêt à me sacrifier tout, fortune, réputation, devoir, affaires, principes, famille, tout, Monsieur, parce que je mettrai le même dévouement dans la balance et que je la veux égale. Vous voyez bien que vous ne pouvez pas m'aimer ainsi!

Ce n'était pas la première fois que Raymon voyait une femme prendre l'amour au sérieux, quoique ces exemples soient rares, heureusement pour la société. Mais il savait que les promesses d'amour n'engagent pas l'honneur, heureusement encore pour la société. Quelquefois aussi la femme qui avait exigé de lui ces solennels engagemens les avait rompus la première. Il ne s'effraya donc point des exigences de madame Delmare, ou bien plutôt il ne songea ni au passé ni à l'avenir. Il fut entraîné par le charme irrésistible de cette femme si frêle et si passionnée, si fluette de corps, si résolue de cœur et d'esprit. Elle était si belle, si vive, si imposante en lui dictant ses lois, qu'il resta comme fasciné à ses genoux.

— Je te jure, lui dit-il, d'être à toi corps et ame; je te voue ma vie, je te consacre mon sang, je te livre ma volonté; prends tout, dispose de tout, de ma fortune, de mon honneur, de ma conscience, de mes sentimens.

— Taisez-vous, dit vivement Indiana, voici mon cousin.

En effet, le flegmatique Ralph Brown entra d'un air fort calme tout en se disant fort surpris et fort joyeux de voir sa cousine qu'il n'espérait pas. Puis il lui demanda la permission de l'embrasser pour lui témoigner sa reconnaissance, et se penchant vers elle avec une lenteur méthodique, il l'embrassa sur les lèvres suivant l'usage de son pays.

Raymon pâlit de colère, et à peine Ralph fut-il sorti pour donner quelques ordres, qu'il s'approcha d'Indiana et voulut effacer la trace de cet impertinent baiser; mais madame Delmare le repoussant avec calme :

— Songez, lui dit-elle, que vous avez beaucoup à réparer envers moi, si vous voulez que je croie en vous.

Raymon ne comprit pas la délicatesse de ce refus. Il n'y vit qu'un refus et conçut de l'humeur contre sir Ralph. Quelques instants plus tard, il s'aperçut que lorsqu'il parlait à voix basse à Indiana il la tutoyait; et il fut sur le point de prendre la réserve que l'usage imposait à sir Ralph en d'autres momens, pour la prudence d'un amant heureux. Cependant il rougit bientôt de ses injurieux soupçons en rencontrant le regard pur de cette jeune femme.

Le soir Raymon eut de l'esprit. Il y avait beaucoup de monde, et on l'écoutait ; il ne put se dérober à l'importance que lui donnaient ses talens. Il parla, et si Indiana eût été vaine, elle eût goûté son premier bonheur à l'entendre. Mais son esprit droit et simple s'effraya au contraire de la supériorité de Raymon. Elle lutta contre cette puissance magique qu'il exerçait autour de lui, sorte de pouvoir magnétique que le ciel ou l'enfer accorde à certains hommes, royauté partielle et éphémère, si réelle que nulle médiocrité ne s'y dérobe, si fugitive qu'il n'en reste aucune trace après eux, et qu'on s'étonne après leur mort du bruit qu'ils ont fait pendant leur vie.

Il y avait bien des instans où Indiana se sentait fascinée par tant d'éclat ; mais aussitôt elle se disait tristement que ce n'était pas de gloire mais de bonheur qu'elle était avide. Elle se demandait avec effroi si cet homme, pour qui la vie avait tant de faces diverses, tant d'intérêts entraînans, pourrait lui consacrer toute son ame, lui sacrifier toutes ses ambitions. Et maintenant qu'il défendait pied à pied avec tant de valeur et d'adresse, tant de passion et de sang-froid, des doctrines purement spéculatives et des intérêts entièrement étrangers à leur amour, elle s'épouvantait d'être si peu de chose dans sa vie, tandis qu'il était tout dans la sienne. Elle se disait avec terreur qu'elle était pour lui le caprice de trois jours, et qu'il avait été pour elle le rêve de toute une vie.

Quand il lui offrit le bras pour sortir du salon, il lui glissa quelque mots d'amour ; mais elle lui répondit tristement :

— Vous avez bien de l'esprit !

Raymon comprit ce reproche, et passa tout le lendemain aux pieds de madame Delmare. Les autres convives, occupés de la chasse, leur laissèrent une liberté complète.

Raymon fut éloquent ; Indiana avait tant besoin de le croire que la moitié de son éloquence fut de trop. Femmes de France, vous ne savez pas ce que c'est qu'une créole ; vous eussiez, sans doute, cédé moins aisément à la conviction, car ce n'est pas vous qu'on dupe et qu'on trahit !

XIII.

—

Lorsque sir Ralph revint de la chasse, et qu'il consulta comme à l'ordinaire le pouls de madame Delmare en l'abordant, Raymon qui l'observait attentivement remarqua une nuance imperceptible de surprise et de plaisir sur ses traits placides. Et puis, par je ne sais quelle pensée secrète, le regard de ces deux hommes se rencontra, et les yeux clairs de sir Ralph, attachés comme ceux d'une chouette sur les yeux noirs de Raymon, les firent baisser involontairement. Pendant le reste du jour, la contenance du baronnet auprès de madame Delmare eut au travers de son apparente imperturbabilité quelque chose d'attentif, quelque chose qu'on eût pu appeler de l'intérêt ou de la sollicitude, si une sensation entière eût pu se refléter sur son extérieur. Mais Raymon s'efforça vainement de chercher s'il y avait de la crainte ou de l'espoir dans ses pensées. Ralph fut impénétrable.

Tout d'un coup, comme il se tenait à quelques pas derrière le fauteuil de madame Delmare, il entendit Ralph lui dire à demi-voix :

— Tu ferais bien, cousine, de monter à cheval demain.

— Mais vous savez, répondit-elle, que je n'ai pas de cheval pour le moment.

—Nous t'en trouverons un. Veux-tu suivre la chasse avec nous ?

Madame Delmare chercha différens prétextes pour s'en dispenser. Raymon comprit qu'elle préférait rester avec lui, mais il crut remarquer aussi que son cousin mettait une insistance étrange à l'en empêcher. Quittant alors le groupe qu'il occupait, il s'approcha d'elle et joignit ses instances à celles de sir Ralph. Il se sentait de l'aigreur contre cet importun chaperon de madame Delmare, et résolut de tourmenter sa surveillance.

— Si vous consentez à suivre la chasse, dit-il à Indiana, vous m'enhardirez, Madame, à imiter votre exemple. J'aime peu la chasse, mais pour avoir le bonheur d'être votre écuyer....

— En ce cas j'irai, répondit étourdiment Indiana.

Elle échangea un regard d'intelligence avec Raymon; mais, si rapide qu'il fût, Ralph le saisit au passage, et Raymon ne put pendant toute la soirée, la regarder, ou lui adresser la parole sans rencontrer les yeux ou l'oreille de monsieur Brown. Un sentiment d'aversion et presque de jalousie s'éleva alors dans son ame. De quel droit ce cousin, cet ami de la maison, s'érigeait-il en pédagogue auprès de la femme qu'il aimait? Il jura que sir Ralph s'en repentirait, et chercha toute la soirée l'occasion de l'irriter sans compromettre madame Delmare, mais ce fut impossible. Sir Ralph faisait les honneurs de chez lui avec une politesse froide et digne qui ne donnait prise à aucune épigramme, à aucune contradiction.

Le lendemain, avant qu'on eût sonné la diane, il vit entrer chez lui la solennelle figure de son hôte. Il y avait dans ses manières quelque chose de plus raide encore qu'à l'ordinaire, et Raymon sentit battre son coeur de désir et d'impatience à l'espoir d'une provocation. Mais il s'agissait tout simplement d'un cheval de selle que Raymon avait amené à Bellerive et qu'il avait témoigné le désir de vendre. En cinq minutes le marché fut conclu. Sir Ralph ne fit aucune difficulté sur le prix, et tira de sa poche un rouleau d'or qu'il compta sur la cheminée avec un sang-froid tout-à-fait bizarre, ne daignant pas faire attention aux plaintes que Raymon lui adressait d'une exactitude si scrupuleuse. Puis, comme il sortait, il revint sur ses pas pour lui dire :

— Monsieur, le cheval m'appartient dès aujourd'hui ?

Alors Raymon crut s'apercevoir qu'il s'agissait de l'empêcher d'aller à la chasse, et il déclara assez sèchement qu'il ne comptait pas suivre la chasse à pied.

— Monsieur, répondit sir Ralph avec une légère ombre d'affectation, je connais trop les lois de l'hospitalité.....

Et il se retira.

En descendant sous le péristyle, Raymon vit madame Delmare en amazone, jouant gaiement avec Ophélia qui déchirait son mouchoir de baptiste. Ses joues avaient retrouvé une légère teinte purpurine, ses yeux brillaient d'un éclat long-temps perdu. Elle était déjà redevenue jolie, les boucles de ses cheveux noirs s'échappaient de son petit chapeau : cette coiffure la rendait charmante, et la robe de drap boutonnée du haut en bas dessinait sa taille fine et souple. Le principal charme des créoles, selon moi, c'est que l'excessive délicatesse de leurs traits et de leurs proportions leur laisse long-temps la gentillesse de l'enfance. Indiana, rieuse et folâtre, semblait maintenant avoir quatorze ans.

Raymon, frappé de sa grâce, éprouva un sentiment de triomphe et lui adressa sur sa beauté le compliment le moins fade qu'il put trouver.

— Vous étiez inquiet de ma santé, lui

dit-elle tout bas; ne voyez-vous pas que je veux vivre?

Il ne put lui répondre que par un regard de bonheur et de reconnaissance. Sir Ralph amenait lui-même le cheval de sa cousine. Raymon reconnut celui qu'il venait de vendre.

— Comment! dit avec surprise madame Delmare qui l'avait vu essayer la veille dans la cour du château, monsieur de Ramière a donc l'obligeance de me prêter son cheval?

— N'avez-vous pas admiré hier la beauté et la docilité de cet animal? dit sir Ralph; il est à vous dès aujourd'hui. Je suis fâché, ma chère, de n'avoir pu vous l'offrir plus tôt.

— Vous devenez facétieux, mon cousin, dit madame Delmare, je ne comprends rien à cette plaisanterie. Qui dois-je remercier, de monsieur de Ramière qui consent à me prêter sa monture, ou de vous qui lui en avez peut-être fait la demande?

— Il faut, dit monsieur Delmare, remercier ton cousin qui a acheté ce cheval pour toi et qui t'en fait présent.

— Est-ce vrai, mon bon Ralph? dit madame Delmare en caressant le joli animal avec la joie d'une petite fille qui reçoit sa première parure.

— N'était-ce pas chose convenue que je te donnerais un cheval en échange du meuble que tu brodes pour moi? Allons, monte dessus, et ne crains rien. J'ai observé son caractère, et je l'ai essayé encore ce matin.

Indiana sauta au cou de sir Ralph et de là sur le cheval de Raymon qu'elle fit caracoler avec hardiesse.

Toute cette scène de famille se passait

dans un coin de la cour sous les yeux de Raymon. Il éprouva un violent sentiment de dépit en voyant l'affection simple et confiante de ces gens-là s'épancher devant lui, qui *aimait avec passion* et qui n'avait peut-être pas un jour entier à posséder Indiana.

— Que je suis heureuse! lui dit-elle en l'appelant à son côté dans l'avenue. Il semble que ce bon Ralph ait deviné le présent qui pouvait m'être le plus précieux. Et vous, Raymon, n'êtes-vous pas heureux aussi de voir le cheval que vous aimiez passer entre mes mains? Oh! qu'il sera l'objet d'une tendre prédilection! Comment l'appeliez-vous? Dites, je ne veux pas lui ôter le nom que vous lui avez donné.....

— S'il y a quelqu'un d'heureux ici, répondit Raymon, c'est votre cousin qui vous fait des présens et que vous embrassez si joyeusement.

— En verité! dit-elle en riant, seriez-vous jaloux de cette grosse amitié et de ces gros baisers?

— Jaloux! Peut-être, Indiana, je ne sais pas. Mais quand ce cousin jeune et vermeil pose ses lèvres sur les vôtres, quand il vous prend dans ses bras pour vous asseoir sur le cheval qu'il vous *donne* et que je vous *vends*, j'avoue que je souffre. Non, Madame, je ne suis pas heureux de vous voir propriétaire du cheval que j'aimais. Je conçois bien qu'on soit heureux de vous l'offrir, mais faire le rôle de marchand pour fournir à un autre le moyen de vous être agréable, c'est une humiliation délicatement ménagée de la part de sir Ralph. Si je ne pensais qu'il a eu tout cet esprit-là à son insu, je voudrais m'en venger.

— Oh fi! cette jalousie ne vous sied pas.

Comment notre intimité bourgeoise peut-elle vous faire envie, à vous qui devez être pour moi en dehors de la vie commune et me créer un monde d'enchantement, à moi seule? Je suis déjà mécontente de vous, Raymon, je trouve qu'il y a comme de l'amour-propre blessé dans ce sentiment d'humeur contre mon pauvre cousin. Il semble que vous soyez plus jaloux des tièdes préférences que je lui donne en public, que de l'affection exclusive que j'aurais pour un autre en secret.

— Pardon! pardon! Indiana, j'ai tort, je ne suis pas digne de toi, ange de douceur et de bonté; mais je l'avoue, j'ai cruellement souffert des droits que cet homme semble s'arroger.

—S'arroger! lui, Raymon! Vous ne savez donc pas quelle reconnaissance sacrée nous enchaîne à lui ! Vous ne savez donc pas que sa mère était la sœur de la mienne; que nous sommes nés dans la même vallée; que son adolescence a protégé mes premiers ans; qu'il a été mon seul appui, mon seul instituteur, mon seul compagnon à l'Ile-Bourbon; qu'il m'a suivie partout; qu'il a quitté le pays que je quittais pour venir habiter celui que j'habite; qu'en un mot c'est le seul être qui m'aime et qui s'intéresse à ma vie?

—Malédiction! tout ce que vous me dites, Indiana, envenime la plaie que cet Anglais m'a faite au cœur. Il vous aime donc bien? Savez-vous comment je vous aime, moi?

—Ah! ne comparons point. Si une affection de même nature vous rendait rivaux, je devrais la préférence au plus ancien. Mais ne craignez pas, Raymon, que je vous demande jamais de m'aimer à la manière de Ralph.

—Expliquez-moi donc cet homme, je vous en supplie; car qui pourrait pénétrer sous son masque de pierre?

— Faut-il que je fasse les honneurs de mon cousin moi-même? dit-elle en souriant. J'avoue que j'ai de la répugnance à le peindre ; je l'aime tant que je voudrais le flatter; tel qu'il est, j'ai peur que vous ne le trouviez pas assez beau. Essayez donc de m'aider : voyons, que vous semble-t-il?

— Sa figure (pardon si je vous blesse) annonce un homme complètement nul ; cependant il y a du bon sens et de l'instruction dans ses discours quand il daigne parler; mais il s'en acquitte si péniblement, si froidement, que personne ne profite de ses connaissances, tant son débit vous glace et vous fatigue. Et puis il y a dans ses pensées quelque chose de commun et de lourd que ne rachète point la pureté méthodique de l'expression. Je crois que c'est un esprit imbu de toutes les idées qu'on lui a données, et trop apathique ou trop médiocre pour en avoir à lui en propre. C'est tout juste l'homme qu'il faut pour être regardé dans le monde comme un philosophe profond. Sa gravité fait les trois quarts de son mérite, sa nonchalance fait le reste.

— Il y a du vrai dans ce portrait, répondit Indiana; mais il y a aussi de la prévention. Vous tranchez hardiment des doutes que je n'oserais pas résoudre, moi qui connais Ralph depuis que je suis née. Il est vrai que son grand défaut est de voir souvent par les yeux d'autrui; mais ce n'est pas la faute de son esprit, c'est celle de son éducation. Vous pensez que sans l'éducation il eût été complètement nul; je pense que sans elle il l'eût été moins. Il faut que je vous dise une particularité de sa vie qui vous expliquera son caractère. Il eut le malheur d'avoir un frère que ses parens lui préféraient ouvertement; ce frère avait toutes les brillantes qualités qui lui manquent. Il apprenait facilement, il avait des dispositions pour tous les arts, il pétillait d'esprit; sa figure, moins régulière que celle de Ralph, était plus expressive. Il était caressant, empressé, actif, en un mot il était aimable. Ralph, au contraire, était gauche, mélancolique, peu démonstratif; il aimait la solitude, apprenait avec lenteur, et ne faisait pas montre de ses petites connaissances. Quand ses parens le virent si différent de son frère aîné; ils le maltraitèrent; ils firent pis, ils l'humilièrent. Alors, tout enfant qu'il était, son caractère devint sombre et rêveur, une invincible timidité paralysa toutes ses facultés; on avait réussi à lui inspirer de l'aversion et du mépris pour lui-même, il se découragea de la vie, et dès l'âge de quinze ans, il fut attaqué du spleen, maladie toute physique sous le ciel brumeux de l'Angleterre, toute morale sous le ciel vivifiant de l'Ile-Bourbon. Il m'a souvent raconté qu'un jour il avait quitté l'habitation avec la volonté de se précipiter dans la mer; mais comme il était assis sur la grève, rassemblant ses pensées au moment d'accomplir ce dessein, il me vit venir à lui dans les bras de la négresse qui m'avait nourrie : j'avais alors cinq ans. J'étais jolie, dit-on, et je montrais pour mon taciturne cousin une prédilection que personne ne partageait. Il est vrai qu'il avait pour moi des soins et des complaisances auxquelles je n'étais point habituée dans la maison paternelle. Malheureux tous deux, nous nous comprenions déjà. Il m'apprenait la langue de son père, et je lui bégayais la langue du mien. Ce mélange d'espagnol et d'anglais était peut-être l'expression du caractère de Ralph. Quand je me jetai à son cou, je m'aperçus qu'il pleurait, et, sans comprendre pourquoi, je me mis à pleurer aussi; alors il me serra sur son cœur, et fit, m'a-t-il dit depuis, le serment de vivre pour moi, enfant délaissé sinon haï, à qui du moins son amitié serait bonne et sa vie profitable. Je fus donc le premier et le seul lien de sa triste existence. Depuis ce jour, nous ne nous quittâmes presque plus, nous passions nos jours libres et sains dans la solitude des montagnes. Mais peut-être que ces récits de notre enfance vous ennuient, et que vous aimeriez mieux rejoindre la chasse en un temps de galop.

— Folle!...... dit Raymon en retenant la bride du cheval que montait madame Delmare.

— Eh bien! je continue, reprit-elle. Edmond Brown, le frère aîné de Ralph, mourut à vingt ans; sa mère en mourut de cha-grin, et son père fut inconsolable. Ralph eût voulu adoucir sa douleur; mais la froideur avec laquelle M. Brown accueillit ses premières tentatives augmenta encore sa timidité naturelle. Il passait des heures entières triste et silencieux auprès de ce vieillard désolé, sans oser lui adresser un mot ou une caresse, tant il craignait de lui offrir des consolations déplacées et insuffisantes. Son père l'accusa d'insensibilité, et la mort d'Edmond laissa le pauvre Ralph plus malheureux et plus méconnu que jamais. J'étais sa seule consolation.

—Je ne puis le plaindre, quoi que vous fassiez, interrompit Raymon; mais il y a dans sa vie et dans la vôtre une chose que je ne m'explique pas, c'est qu'il ne vous ait point épousée.

—Je vais vous donner une fort bonne raison, reprit-elle. Quand je fus en âge d'être mariée, Ralph, plus âgé que moi de dix ans (ce qui est une énorme distance dans notre climat où l'enfance des femmes est si courte), Ralph, dis-je, était déjà marié.

—Sir Ralph est veuf? Je n'ai jamais entendu parler de sa femme.

—Ne lui en parlez jamais. Elle était jeune, riche et belle; mais elle avait aimé Edmond, elle lui avait été destinée, et quand, pour obéir à des intérêts et à des délicatesses de famille, il lui fallut épouser Ralph, elle ne chercha pas même à lui dissimuler son aversion. Il fut obligé de passer avec elle en Angleterre, et quand il revint à l'Ile-Bourbon, après la mort de sa femme, j'étais mariée à M. Delmare, et j'allais partir pour l'Europe. Ralph essaya de vivre seul; mais la solitude aggravait ses maux. Quoiqu'il ne m'ait jamais parlé de madame Ralph Brown, j'ai tout lieu de croire qu'il avait été encore plus malheureux dans son ménage que dans sa famille, et que des souvenirs récens et douloureux ajoutaient à sa mélancolie naturelle. Il fut de nouveau attaqué du spleen; alors il vendit ses plantations de café et vint s'établir en France. La manière dont il se présenta à mon mari est originale, et m'eût fait rire si l'attachement de ce digne Ralph ne m'eût touché.

—Monsieur, lui dit-il, j'aime votre femme; c'est moi qui l'ai élevée, je la regarde comme ma sœur et plus encore comme ma fille. C'est la seule parente qui me reste et la seule affection que j'aie; trouvez-vous bon que je me fixe auprès de vous et que nous passions tous trois notre vie ensemble? On dit que vous êtes un peu jaloux de votre femme; mais on dit aussi que vous êtes plein d'honneur et de probité. Quand je vous aurai donné ma parole que je n'eus jamais d'amour pour elle et que je n'en aurai jamais, vous pourrez me voir avec aussi peu d'inquiétude que si j'étais réellement votre beau-frère. N'est-il pas vrai, Monsieur ?

M. Delmare, qui tient beaucoup à sa réputation de loyauté militaire, accueillit cette franche déclaration avec une sorte d'ostentation de confiance. Cependant il fallut plusieurs mois d'un examen attentif pour que cette confiance fût aussi réelle qu'il s'en vantait. Maintenant elle est inébranlable comme l'ame constante et pacifique de Ralph.

— Êtes-vous donc bien convaincue, Indiana, dit Raymon, que sir Ralph ne se trompe pas un peu lui-même, en jurant qu'il n'eut jamais d'amour pour vous ?

— J'avais douze ans quand il quitta l'Ile-Bourbon pour suivre sa femme en Angleterre, j'en avais seize lorsqu'il me retrouva mariée, et il en témoigna plus de joie que de chagrin. Maintenant Ralph est tout-à-fait vieux.

— A vingt-neuf ans?

— Ne riez pas. Son visage est jeune, mais son cœur est usé à force d'avoir souffert, et Ralph n'aime plus rien afin de ne plus souffrir.

— Pas même vous?

— Pas même moi. Son amitié n'est plus que de l'habitude; jadis elle fut généreuse, lorsqu'il se chargea de protéger et d'instruire mon enfance, et alors je l'aimais comme il m'aime aujourd'hui, à cause du besoin que j'avais de lui. Aujourd'hui, j'acquitte de toute mon ame la dette du passé, et ma vie s'écoule à tâcher d'embellir et de désennuyer la sienne. Mais quand j'étais enfant, j'aimais avec l'instinct plus qu'avec le cœur; au lieu que lui, devenu homme, m'aime moins avec le cœur qu'avec l'instinct. Je lui suis nécessaire parce que je suis seule à l'aimer; et même, aujourd'hui que M. Delmare lui témoigne de l'attachement, il l'aime presque autant que moi; sa protection, autrefois si courageuse devant le despotisme de mon père, est devenue tiède et prudente devant celui de mon mari. Il ne se reproche pas de me voir souffrir, pourvu que je sois auprès de lui; il ne se demande pas si je suis malheureuse, il lui suffit de me voir vivante. Il ne veut pas me prêter un appui qui adoucirait mon sort, mais qui, en le brouillant avec M. Delmare, troublerait la sérénité du sien. A force de s'entendre répéter qu'il avait le cœur sec, il se l'est persuadé, et son cœur s'est desséché dans l'inaction, ou, par défiance, il l'a laissé s'endormir. C'est un homme que l'affection d'autrui eût pu développer; mais elle s'est retirée de lui, et il s'est flétri. Maintenant il fait consister le bonheur dans le repos, le plaisir dans les aises de la vie. Il ne s'informe pas des soucis qu'il n'a pas; il faut dire le mot : Ralph est égoïste.

— Eh bien! tant mieux, dit Raymon, je n'ai plus peur de lui; je l'aimerai même, si vous voulez.

— Oui! aimez-le, Raymon, répondit-elle, il y sera sensible; et pour nous, ne nous inquiétons jamais de définir pourquoi l'on nous aime, mais comment l'on nous aime. Heureux celui qui peut être aimé, n'importe par quel motif!

— Ce que vous dites, Indiana, reprit Raymon en saisissant sa taille souple et frêle, c'est la plainte d'un cœur solitaire et triste. Mais avec moi, je veux que vous sachiez pourquoi et comment, pourquoi surtout.

—C'est pour me donner du bonheur, n'est-ce pas? lui dit-elle avec un regard triste et passionné.

— C'est pour te donner ma vie, dit Raymon en effleurant de ses lèvres les cheveux flottans d'Indiana.

Une fanfare voisine les avertit de s'observer : c'était sir Ralph qui les voyait ou ne les voyait pas.

XIV.

———

Lorsque les limiers furent lancés, Raymon s'étonna de ce qui semblait se passer dans l'ame d'Indiana. Ses yeux et ses joues s'animèrent ; le gonflement de ses narines trahit je ne sais quel sentiment de terreur ou de plaisir, et tout-à-coup, quittant son côté et pressant avec ardeur les flancs de son cheval, elle s'élança sur les traces de Ralph. Raymon ignorait que la chasse était la seule passion que Ralph et Indiana eussent en commun. Il ne se doutait pas non plus que dans cette femme si frêle et en apparence si timide, résidât ce courage plus que masculin, cette sorte d'intrépidité délirante qui se manifeste parfois comme une crise nerveuse chez les êtres les plus faibles. Les femmes ont rarement le courage physique qui consiste à lutter d'inertie contre la douleur ou le danger. Mais elles ont souvent le courage moral qui s'exalte avec le péril ou la souffrance. Les fibres délicates d'Indiana étaient impressionnées surtout par les bruits, le mouvement rapide et l'émotion de la chasse, cette image abrégée de la guerre avec ses fatigues, ses ruses, ses calculs, ses combats et ses chances. Sa vie, morne et rongée d'ennui, avait besoin de ces excitations; alors elle semblait se réveiller d'une léthargie, et dépenser en un jour toute l'énergie inutile qu'elle avait depuis un mois laissé fermenter dans son sang.

Raymon fut effrayé de la voir courir ainsi, se livrant sans peur à la fougue de ce cheval qu'elle connaissait à peine, le lancer hardiment dans le taillis, éviter avec une admirable adresse, avec une sagacité étonnante, les branches dont la vigueur élastique fouettait son visage, franchir les fossés sans hésitation, se hasarder avec confiance dans les terrains glaiseux et mouvans, ne s'inquiétant pas de briser ses membres fluets, mais jalouse d'arriver la première sur la piste fumante du sanglier. Tant de résolution l'effraya et faillit le dégoûter de madame Delmare. Les hommes, et les amans surtout, ont la fatuité innocente de vouloir protéger la faiblesse plutôt que d'admirer le courage chez les femmes. Et puis le cœur humain a des secrets qu'un romancier ne devrait peut-être pas pénétrer pour la beauté de ses caractères et la poésie de ses portraits. Pour moi, qui ai promis de vous dire tout, je vous avouerai que Raymon se sentit épouvanté de tout ce qu'un esprit si intrépide promettait de hardiesse et de ténacité en amour. Ce n'était pas là le cœur résigné de la pauvre Noun qui aimait mieux se noyer que de lutter contre son malheur.

—Qu'il y ait autant de fougue et d'emportement dans sa tendresse qu'il y en a dans ses goûts, pensa-t-il; que sa volonté s'attache à moi, âpre et palpitante comme son caprice aux flancs de ce sanglier, et pour elle la société n'aura pas d'entraves, les lois pas de force : il faudra que ma destinée succombe, et que je sacrifie mon avenir à son présent.

Des cris d'épouvante et de détresse, parmi

lesquels on pouvait distinguer la voix de madame Delmare, arrachèrent Raymon à ces réflexions. Il poussa son cheval avec inquiétude et fut rejoint aussitôt par sir Ralph qui lui demanda s'il avait entendu ces cris d'alarme.

Aussitôt des piqueurs effarés arrivèrent à eux en criant confusément que le sanglier avait fait tête et renversé madame Delmare. D'autres chasseurs, plus épouvantés encore, arrivèrent en appelant sir Ralph dont les secours étaient nécessaires à la personne blessée.

—C'est inutile, dit un dernier arrivant. Il n'y a plus d'espérance ; vos soins arriveraient trop tard ; emmenez sir Ralph.

Et ces amis officieux, sans respect pour ses anxiétés mortelles, voulurent le retenir et firent autour de Raymon et de lui une résistance désespérante.

Dans cet instant d'effroi, les yeux de Raymon rencontrèrent le visage pâle et morne de M. Brown. Il ne criait pas, il n'écumait point, il ne se tordait pas les mains; seulement il prit son couteau de chasse, et, avec un sang-froid vraiment britannique, il s'apprêtait à se couper la gorge, lorsque Raymon lui arracha son arme, dispersa en jurant les importuns et l'entraîna vers le lieu d'où partaient les cris.

Ralph parut sortir d'un rêve en voyant madame Delmare s'élancer vers lui et l'aider à voler au secours du colonel qui était étendu par terre et semblait privé de vie. Il s'empressa de le saigner, car il se fut bientôt assuré qu'il n'était point mort; mais il avait la cuisse cassée, et on le transporta au château.

Quant à madame Delmare, c'était par erreur qu'on l'avait nommée à la place de son mari dans le désordre de l'événement, ou plutôt Ralph et Raymon avaient cru entendre le nom qui les intéressait le plus.

Indiana n'avait éprouvé aucun accident; mais son effroi et sa consternation lui ôtaient presque la force de marcher. Raymon la soutint dans ses bras, et se réconcilia avec son cœur de femme, en la voyant si profondément affectée du malheur de ce mari à qui elle avait beaucoup à pardonner avant de le plaindre.

Sir Ralph avait déjà repris son calme accoutumé; seulement une pâleur extraordinaire révélait la forte commotion qu'il avait éprouvée; il avait failli perdre une des deux seules personnes qu'il aimât.

Raymon qui, dans cet instant de trouble et de délire, avait seul conservé assez de raison pour comprendre ce qu'il voyait, avait pu juger quelle était l'affection de Ralph pour sa cousine, et combien peu elle était balancée par celle qu'il éprouvait pour le colonel. Cette remarque qui démentait positivement l'opinion d'Indiana, n'échappa point à la mémoire de Raymon comme à celle des autres témoins de cette scène.

Pourtant Raymon ne parla jamais à madame Delmare de la tentative de suicide qui s'était emparée tout-à-coup de M. Brown. Il y eut dans cette restriction désobligeante quelque chose d'égoïste et de haineux que vous pardonnerez peut-être au sentiment de jalousie amoureuse qui l'inspira.

Ce fut avec beaucoup de peine qu'on transporta le colonel au Lagny au bout de six semaines; mais plus de six mois s'écoulèrent ensuite sans qu'il pût marcher; car à la rupture à peine ressoudée du fémur vint se joindre un rhumatisme aigu dans la partie malade, qui le condamna à d'atroces douleurs et à une immobilité complète. Sa femme lui prodigua les soins les plus doux. Elle ne quitta pas son chevet et supporta, sans se plaindre, ses humeurs âcres et chagrines, ses colères de soldat et ses injustices de malade.

Malgré les ennuis d'une si triste existence, sa santé refleurit fraîche et brillante, et le bonheur vint habiter son cœur. Raymon l'aimait : il l'aimait réellement. Il venait tous les jours; il ne se rebutait d'aucune difficulté pour la voir; il supportait les infirmités du mari, la froideur du cousin, la contrainte des entrevues. Un regard de lui mettait de la joie pour tout un jour dans le cœur d'Indiana. Elle ne songeait plus à se plaindre de la vie; son ame était remplie, sa jeunesse était occupée, sa force morale avait un aliment.

Insensiblement le colonel prit de l'amitié pour Raymon. Il eut la simplicité de croire que cette assiduité était une preuve de l'intérêt que son voisin prenait à sa santé. Madame de Ramière vint aussi quelquefois sanctionner cette liaison par sa présence, et Indiana s'attacha à la mère de Raymon avec enthousiasme et passion. Enfin l'amant de la femme devint l'ami du mari. Vous voyez que je vous raconte une histoire extrêmement vraisemblable et que confirme l'expérience de tous les jours.

Dans ce rapprochement continuel, Raymon et Ralph arrivèrent forcément à une sorte d'intimité : ils s'appelaient : —Mon cher ami.— Ils se donnaient la main soir et matin. Avaient-ils un léger service à se demander réciproquement, leur phrase accoutumée était celle-ci :

—*Je compte assez sur votre bonne amitié*, etc.

Enfin, lorsqu'ils parlaient l'un de l'autre, ils disaient :

— *C'est mon ami.*

Et quoique ce fussent deux hommes aussi francs qu'il soit possible de l'être dans le monde, ils ne s'aimaient pas du tout. Ils différaient essentiellement d'avis sur tout ; aucune sympathie ne leur était commune, et si tous deux aimaient madame Delmare, c'était d'une manière si différente que ce sentiment les divisait au lieu de les rapprocher. Ils goûtaient un singulier plaisir à se contredire et à troubler autant que possible l'humeur l'un de l'autre par des reproches qui, pour être lancés comme des généralités dans la conversation, n'en avaient pas moins d'aigreur et d'amertume.

Leurs principales contestations et les plus fréquentes commençaient par la politique et finissaient par la morale. C'était le soir, lorsqu'ils se réunissaient autour du fauteuil de M. Delmare, que la dispute s'élevait sur le plus mince prétexte. On y gardait toujours les égards apparens que la philosophie imposait à l'un, que l'usage du monde inspirait à l'autre; mais on s'y disait pourtant, sous le voile de l'allusion, des choses dures qui amusaient le colonel, car il était de nature guerrière et querelleuse, et à défaut de batailles il aimait les disputes.

Moi je crois que l'opinion politique d'un homme c'est l'homme tout entier. Dites-moi votre cœur et votre tête, et je vous dirai vos opinions politiques. Dans quelque rang ou dans quelque parti que le hasard nous ait fait naître, notre caractère l'emporte tôt ou tard sur les préjugés ou les croyances de l'éducation. Vous me trouverez peut-être absolu, mais comment pourrais-je me décider à augurer bien d'un esprit qui s'attache à de certains systèmes que la générosité repousse? Montrez-moi un homme qui soutienne l'utilité de la peine de mort, et, quelque consciencieux et éclairé qu'il soit, je vous défie d'établir jamais aucune sympathie entre lui et moi; si cet homme veut m'enseigner des vérités que j'ignore, il n'y réussira point, car il ne dépendra pas de moi de lui accorder ma confiance.

Ralph et Raymon différaient sur tous les points, et pourtant ils n'avaient pas, avant de se connaître, d'opinions exclusivement arrêtées. Mais du moment qu'ils furent aux prises, chacun saisissant le contrepied de ce qu'avançait l'autre, ils se firent chacun une conviction complète, inébranlable. Raymon fut en toute occasion le champion de la société existante, Ralph en attaqua l'édifice sur tous les points.

Cela était simple. Raymon était heureux et parfaitement traité, Ralph n'avait connu de la vie que ses maux et ses dégoûts ; l'un trouvait tout fort bien, l'autre était mécontent de tout. Les hommes et les choses avaient maltraité Ralph et comblé Raymon, et, comme deux enfans, Ralph et Raymon rapportaient tout à eux-mêmes, s'établissant juges en dernier ressort des grandes questions de l'ordre social, eux qui n'étaient compétens ni l'un ni l'autre.

Ralph allait donc toujours soutenant son rêve de république d'où il voulait exclure tous les abus, tous les préjugés, toutes les injustices ; projet reposant tout entier sur l'espoir d'une nouvelle race d'hommes. Raymon soutenait sa doctrine de monarchie héréditaire, aimant mieux, disait-il, supporter les abus, les préjugés et les injustices, que de voir relever les échafauds et couler le sang innocent.

Le colonel était presque toujours du parti de Ralph en commençant la discussion. Il haïssait les Bourbons et mettait dans ses opinions toute l'animosité de ses sentimens. Mais bientôt Raymon le rattachait avec adresse à son parti en lui prouvant que la monarchie était, comme principe, bien plus près de l'Empire que de la République. Ralph avait si peu le talent de la persuasion, il était si candide, si maladroit, le pauvre baronnet! Sa franchise était si raboteuse, sa logique si aride, ses principes si absolus! Il ne ménageait personne, il n'adoucissait aucune vérité.

— Parbleu! disait-il au colonel, lorsque celui-ci maudissait l'intervention de l'Angleterre, que vous a donc fait, à vous, homme de bon sens et de raisonnement, je suppose, toute une nation qui a combattu loyalement contre vous?

— Loyalement! répétait Delmare en serrant les dents et en brandissant sa béquille.

— Laissons les questions de cabinet se résoudre de puissance à puissance, reprenait sir Ralph, puisque nous avons adopté un mode de gouvernement qui nous interdit de discuter nous-mêmes nos intérêts. Si une nation est responsable des fautes de sa législation, laquelle trouverez plus coupable que la vôtre ?

— Aussi, Monsieur, s'écriait le colonel, honte à la France, qui a abandonné Napoléon et qui a subi un roi proclamé par les baïonnettes étrangères !

— Moi, je ne dis pas honte à la France, reprenait Ralph, je dis malheur à elle; je la plains de s'être trouvée si faible et si malade le jour où elle fut purgée de son tyran, qu'elle fut obligée d'occepter votre lambeau de Charte constitutionnelle; baillon de liberté que vous commencez à respecter, aujourd'hui qu'il faudrait la jeter et reconquérir votre liberté entière......

Alors Raymon relevait le gant que lui jetait sir Ralph. Chevalier de la Charte, il voulait être aussi celui de la liberté, et il prouvait merveilleusement à Ralph que l'une était l'expression de l'autre; que, s'il brisait la Charte, il renversait lui-même son idole. En vain le baronnet se débattait dans les argumens vicieux dont l'enlaçait M. de Ramière; celui-ci démontrait admirablement qu'un système plus large de franchises menait infailliblement aux excès de 93, et que la nation n'était pas encore mûre pour la liberté qui n'était pas la licence. Et lorsque sir Ralph prétendait qu'il était absurde de vouloir emprisonner une constitution dans un nombre donné d'articles, que ce qui suffisait d'abord devenait insuffisant plus tard, s'appuyant de l'exemple du convalescent dont les besoins augmentent chaque jour, à tous ces lieux communs que ressassait lourdement M. Brown, Raymon répondait que la Charte n'était pas un cercle inflexible, qu'il s'étendrait avec les besoins de la France, lui donnant une élasticité qui, disait-il, se prêterait plus tard aux exigences nationales, mais qui ne se prêtait réellement qu'à celles de la couronne.

Pour Delmare, il n'avait pas fait un pas depuis 1815. C'était un stationnaire aussi encroûté, aussi opiniâtre que les émigrés de Coblentz, éternelles victimes de son ironie haineuse. Vieux enfant, il n'avait rien compris dans le grand drame de la chute de Napoléon. Il n'avait vu qu'une chance de la guerre, là où une puissance d'opinion avait triomphé. Il parlait toujours de trahison et de patrie vendue, comme si une nation en tière pouvait trahir un seul homme, comme si la France se fût laissé vendre par quelques généraux. Il accusait les Bourbons de tyrannie, et regrettait les beaux jours de l'Empire où les bras manquaient à la terre et le pain aux familles. Il déclamait contre la police de Franchet, et vantait celle de Fouché. Cet homme était toujours au lendemain de Waterloo.

C'était vraiment chose curieuse que d'entendre les niaiseries politico-sentimentales de Delmare et de M. de Ramière, tous les deux philanthropes rêveurs, l'un sous l'épée de Napoléon, l'autre sous le sceptre de Saint-Louis ; M. Delmare, planté au pied des Pyramides, Raymon, assis sous le monarchique ombrage du chêne de Vincennes. Leurs utopies, qui se heurtaient d'abord, finissaient par se comprendre ; Raymon engluait le colonel avec ses phrases chevaleresques; pour une concession il en exigeait dix, et il l'habituait insensiblement à voir vingt-cinq ans de victoire monter en spirales sous les plis du drapeau blanc. Si Ralph n'avait pas jeté sans cesse sa rudesse et sa brusquerie dans la rhétorique fleurie de M. de Ramière, celui-ci eût infailliblement conquis Delmare au trône de 1815; mais Ralph froissait son amour-propre, et la maladroite franchise qu'il mettait à ébranler son opinion ne faisait que l'ancrer dans ses convictions impériales. Alors tous les efforts de M. de Ramière étaient perdus; Ralph marchait de plein-pied sur les fleurs de son éloquence, et sa parole acerbe et rude en faisait crouler le frêle édifice, comme la pierre qui brise un fragile cristal. Le colonel revenait avec acharnement à ses trois couleurs. Il jurait d'en *secouer un beau jour la poussière*, il crachait sur les lys, il ramenait le duc de Reischtadt sur le trône de *ses pères;* il recommençait la conquête du monde, et finissait toujours par se plaindre de la honte qui pesait sur la France, des rhumathismes qui le clouaient sur son fauteuil, et de l'ingratitude des Bourbons pour les vieilles moustaches qu'avait brûlées le soleil du Désert, et qui s'étaient hérissées des glaçons de la Moscowa.

— Mon pauvre ami! disait Ralph, soyez donc juste; vous trouvez mauvais que la Restauration n'ait pas payé les services rendus à l'Empire, et qu'elle salarie ses émigrés. Dites-moi, si Napoléon pouvait revivre demain dans toute sa puissance, trouveriez-vous bon qu'il vous repoussât de sa faveur et qu'il en fît jouir les partisans de la légitimité? Chacun pour soi et pour les siens, ce sont là des discussions d'affaires, des débats d'intérêt personnel, qui intéressent fort peu la France, aujourd'hui que vous êtes presque aussi invalide que les voltigeurs de l'émigration, et que tous, goutteux, mariés ou boudeurs, vous lui êtes également inutiles. Cependant il faut qu'elle vous nourrisse tous, et c'est à qui de vous se plaindra d'elle. Quand viendra le jour de la République, elle s'affranchira de toutes vos exigences, et ce sera justice.

Ces choses communes, mais évidentes, offensaient le colonel comme autant d'injures personnelles, et Ralph qui, avec tout son bon sens, ne comprenait pas que la petitesse d'esprit d'un homme qu'il estimait pût aller aussi loin, s'habituait à le choquer sans ménagement.

Avant l'arrivée de Raymon, entre ces deux hommes, il y avait une convention tacite d'éviter tout sujet de contestation délicate, où des intérêts irritables eussent pu se froisser mutuellement. Mais Raymon apporta dans leur solitude toutes les subtilités de langage toutes les petitesses perfides de la civilisation. Il leur apprit qu'on peut tout se dire, tout se reprocher, et se retrancher toujours derrière le prétexte de la discussion. Il introduisit chez eux l'usage de disputer, alors toléré dans les salons, parce que les passions haineuses des Cent-Jours avaient fini par s'amortir et se fondre en nuances diverses. Mais le colonel avait conservé toute la verdeur des siennes, et Ralph tomba dans une grande erreur en pensant qu'il pourrait entendre le langage de la raison. M. Delmare s'aigrit de jour en jour contre lui, et se rapprocha de Raymon qui, sans faire de concessions trop larges, savait prendre des formes gracieuses pour ménager son amour-propre.

C'est une grande imprudence d'introduire la politique comme passe-temps dans l'intérieur des familles. S'il en existe encore aujourd'hui de paisibles et d'heureuses, je leur conseille de ne s'abonner à aucun journal, de ne pas lire le plus petit article du budget, de se retrancher au fond de leurs terres comme dans une oasis, et de tracer une ligne infranchissable entre elles et le reste de la société; car si elles laissent le bruit de nos contestations arriver jusqu'à elles, c'en est fait de leur union et de leur repos. On n'imagine pas ce que les divisions d'opinions apportent d'aigreur et de fiel entre les proches; ce n'est la plupart du temps qu'une occasion pour se reprocher les défauts du caractère, les travers de l'esprit ou les vices du cœur.

On n'eût pas osé se traiter de fourbe, d'imbécile, d'ambitieux et de poltron. On enferme les mêmes idées sous les noms de *jésuite*, de *royaliste*, de *révolutionnaire* et de *juste-milieu*. Ce sont d'autres mots, mais ce sont les mêmes injures, d'autant plus poignantes qu'on s'est permis réciproquement de se poursuivre et de s'attaquer sans relâche, sans indulgence, sans retenue. Alors plus de tolérance pour les fautes mutuelles, plus d'esprit de charité, plus de réserve généreuse et délicate; on ne se passe plus rien, on rapporte tout à un sentiment politique, et sous ce masque on exhale sa haine et sa vengeance. Heureux habitans des campagnes, s'il est encore des campagnes en France, fuyez, fuyez la politique, et lisez *Peau d'âne* en famille. Mais telle est la contagion, qu'il n'est plus de retraite assez obscure, de solitude assez profonde pour cacher et protéger l'homme qui veut soustraire son cœur débonnaire aux orages de nos discordes civiles.

Le petit château de la Brie s'était en vain défendu quelques années contre cet envahissement funeste; il perdit enfin son insouciance, sa vie intérieure et active, ses longues soirées de silence et de méditation. Des disputes bruyantes réveillèrent ses échos endormis, des paroles d'amertume et de menace effrayèrent les chérubins fanés qui souriaient depuis cent ans dans la poussière des lambris. Les émotions de la vie actuelle pénétrèrent dans cette vieille demeure, et toutes ces recherches surannées, tous ces débris d'une époque de plaisir et de légèreté virent, avec terreur, passer notre époque de doutes et de déclamations, représentée par trois personnes qui s'enfermaient ensemble chaque jour pour se quereller du matin au soir.

XV.

Malgré ces dissensions continuelles, madame Delmare se livrait à l'espoir d'un riant avenir avec la confiance de son âge. C'était son premier bonheur, et son ardente imagination, son cœur jeune et riche savaient se parer de tout ce qui lui manquait. Elle était ingénieuse à se créer des jouissances vives et pures, à se restituer le complément des faveurs précaires de sa destinée. Au fait Raymon l'aimait. Il ne mentait pas lorsqu'il lui disait qu'elle était le seul amour de sa vie ; il n'avait jamais aimé si purement ni si longtemps. Près d'elle il oubliait tout ce qui n'était pas elle ; le monde et la politique s'effaçaient de son souvenir ; il se plaisait à cette vie intérieure, à ces habitudes de famille qu'elle lui créait. Il admirait la patience et la force de cette femme ; il s'étonnait du contraste de son esprit avec son caractère ; il s'étonnait surtout, qu'après tant de solennité dans leur premier pacte, elle se montrât si peu exigeante, heureuse de si furtifs et de si rares bonheurs, confiante avec tant d'abandon et d'aveuglement : c'est que l'amour était dans son cœur une passion neuve et généreuse ; c'est que mille sentimens délicats et nobles s'y rattachaient et lui donnaient une force que Raymon ne pouvait pas comprendre.

Lui, il souffrit d'abord de l'éternelle présence du mari ou du cousin. Il avait songé à traiter cet amour comme tous ceux qu'il connaissait ; mais bientôt Indiana le força à s'élever jusqu'à elle. Sa résignation à supporter la surveillance, l'air de bonheur avec lequel elle le contemplait à la dérobée, ses yeux qui avaient pour lui un éloquent et muet langage, son sublime sourire lorsque dans la conversation une allusion soudaine rapprochait leurs cœurs et aimantait leur regard ; ce furent bientôt là des plaisirs fins et recherchés que Raymon comprit, grâce à la délicatesse de son esprit et à la culture de l'éducation.

Quelle différence entre cet être chaste qui

semblait ignorer la possibilité d'un dénouement à son amour, et toutes ces femmes occupées seulement de le hâter en feignant de le fuir ! Lorsque par hasard Raymon se trouvait seul avec elle, les joues d'Indiana ne s'animaient pas d'un coloris plus chaud, elle ne détournait pas ses regards avec embarras. Non, ses yeux limpides et calmes le contemplaient toujours avec ivresse, le sourire des anges reposait toujours sur ses lèvres roses comme celles d'une petite fille qui n'a connu encore que les baisers de sa mère. A la voir si confiante, si passionnée, si chaste, vivant tout entière de la vie du cœur, et ne comprenant pas qu'il y eût des tortures dans celui de son amant lorsqu'il était à ses pieds, Raymon n'osait plus être homme, de crainte de lui paraître au-dessous de ce qu'elle l'avait rêvé, et par amour-propre il se faisait vertueux comme elle.

Ignorante comme une vraie créole, madame Delmare n'avait jusque-là jamais songé à peser les graves intérêts que maintenant on discutait chaque jour devant elle. Elle avait été élevée par sir Ralph qui avait une médiocre opinion de l'intelligence et du raisonnement chez les femmes (parce qu'il les jugeait toutes d'après sa mère), et qui s'était borné à lui donner quelques connaissances positives et d'un usage immédiat. Elle savait donc à peine l'histoire abrégée du monde, et toute dissertation sérieuse l'accablait d'ennui. Mais quand elle entendit Raymon appliquer à ces arides matières toute la grâce de son esprit, toute la poésie de son langage, elle écouta et essaya de comprendre, puis elle hasarda timidement de naïves questions qu'une fille de dix ans élevée dans le monde eût habilement résolues. Raymon se plut à éclairer cet esprit vierge qui s'ouvrait sans résistance à ses principes. Mais, malgré l'empire qu'il exerçait sur son ame neuve et ingénue, ses sophismes rencontrèrent quelquefois de la résistance.

Indiana opposait aux intérêts de la civilisation érigés en principes, les idées droites et les lois simples du bon sens et de l'humanité; ses objections avaient un caractère de franchise sauvage qui embarrassait quelquefois Raymon et qui le charmait toujours par son originalité enfantine. Il s'appliquait comme à un travail sérieux, il se faisait une tâche importante de l'amener peu à peu à ses croyances, à ses principes. Il eût été fier de régner sur cette conviction si consciencieuse et si naturellement éclairée, mais il eut quelque peine à y parvenir. Les systèmes généreux de Ralph, sa haine rigide pour les vices de la société, son âpre impatience de voir régner d'autres lois et d'autres mœurs, c'étaient bien là des sympathies auxquelles répondaient les souvenirs malheureux d'Indiana.

Mais tout-à-coup Raymon tuait son adversaire en lui démontrant que cette aversion pour le présent était l'ouvrage de l'égoïsme ; il peignait avec chaleur ses propres affections, son dévouement à la famille royale, qu'il savait parer de tout l'égoïsme d'une fidélité dangereuse, son respect pour la croyance persécutée de ses pères, ses sentimens religieux qu'il ne raisonnait pas et qu'il conservait par instinct et par besoin, disait-il. Et puis le bonheur d'aimer ses semblables, de tenir à la génération présente par tous les liens de l'honneur et de la philanthropie, le plaisir de rendre des services à son pays, en repoussant les innovations dangereuses, en maintenant la paix intérieure, en donnant, s'il le fallait, tout son sang pour épargner une goutte de sang au dernier de ses compatriotes ; il peignait toutes ces bénignes utopies avec tant d'art et de charme, qu'Indiana se laissait entraîner au besoin d'aimer et de respecter tout ce qu'aimait et respectait Raymon. Au fait, il était prouvé que Ralph était un égoïste; quand il soutenait une idée généreuse, on souriait, il était *avéré* que son esprit et son cœur étaient alors en contradiction. Ne valait-il pas mieux croire Raymon qui avait une ame si chaleureuse, si large et si expansive?

Il y avait pourtant bien des momens où Raymon oubliait, à peu près, son amour, pour ne songer qu'à son antipathie. Auprès de madame Delmare il ne voyait que sir Ralph, sir Ralph qui, avec son rude et froid bon sens, osait s'attaquer à lui, homme supérieur qui avait terrassé de si nobles ennemis. Il était humilié de se voir aux prises avec un si pauvre adversaire, et alors il l'accablait du poids de son éloquence; il mettait en œuvre toutes les ressources de son talent, et Ralph étourdi, lent à rassembler ses idées, plus lent encore à les exprimer, subissait la conscience de sa faiblesse.

Dans ces momens-là, il semblait à Indiana que Raymon était tout à fait distrait d'elle, elle avait des mouvemens d'inquiétude et d'effroi en songeant que peut-être tous ces nobles et grands sentimens si bien dits n'étaient que le pompeux étalage des mots, l'ironique faconde de l'avocat, s'écoutant lui-même et s'exerçant à la comédie sentimentale qui doit surprendre la bonhomie de l'auditoire. Elle tremblait surtout lorsqu'en rencontrant son regard, elle croyait y voir briller, non le plaisir d'avoir été compris par elle, mais l'amour-propre triomphant d'avoir fait un beau plaidoyer. Elle avait peur alors, et songeait à Ralph, l'égoïste, envers qui l'on était injuste peut-être ; mais Ralph ne savait rien dire pour prolonger cette incertitude, et Raymon était habile à la dissiper.

Il n'y avait donc qu'une existence vraiment troublée, qu'un bonheur vraiment gâté dans cet intérieur, c'était l'existence, c'était le bonheur de Ralph. Homme malheureusement né, pour qui la vie n'avait jamais eu d'aspects brillans, de joies pleines et pénétrantes ; grande et obscure infortune que personne ne plaignait et qui ne se plaignait à personne ; destinée vraiment maudite, mais sans poésie, sans bâtardise, sans aventure, sans drame ; destinée commune, bourgeoise et triste, qu'aucune amitié n'avait adoucie, qu'aucun amour n'avait charmée, qui se consumait en silence avec l'héroïsme que donnent l'amour de la vie et le besoin d'espérer : être isolé qui avait eu un père et une mère comme tout le monde, un frère, une femme, un fils, une amie, et qui n'avait jamais rien recueilli, rien gardé de toutes ces affections; étranger dans la vie, qui passait mélancolique et nonchalant, n'ayant pas même le sentiment exalté de son infortune, la romanesque compassion de soi-même qui fait trouver du charme dans la douleur.

Malgré la force de son caractère, cet homme se sentit quelquefois découragé de la vertu. Il haïssait Raymon, et d'un mot il pouvait le chasser du Lagny; mais il ne le fit pas, parce que Ralph avait une croyance, une seule qui était plus forte que les mille croyances de Raymon. Ce n'étaient ni l'église, ni la monarchie, ni la société, ni la réputation, ni les lois, qui lui dictaient ses sacrifices et son courage; c'était la conscience.

Il avait vécu tellement seul qu'il n'avait pu s'habituer à compter sur les autres: mais aussi, dans cet isolement, il avait appris à se connaître lui-même. Il s'était fait un ami de son propre cœur ; à force de se replier en lui et de se demander la cause des injustices d'autrui, il s'était assuré qu'il ne les méritait par aucun vice ; il ne s'en irritait plus, parce qu'il faisait peu de cas de sa personne qu'il savait être insipide et commune. Il comprenait l'indifférence dont il était l'objet, et il en avait pris son parti ; mais son ame lui disait qu'il était capable de ressentir tout ce qu'il n'inspirait pas, et s'il était disposé à pardonner tout aux autres, il était déterminé à ne rien tolérer en lui. Cette vie toute intérieure, ces sensations toutes intimes, lui donnaient toutes les apparences de l'égoïsme, et peut-être rien n'y ressemble davantage que le respect de soi-même.

Cependant, comme il arrive souvent qu'en voulant trop bien faire nous faisons moins bien, il arriva que sir Ralph commit une grande faute par un scrupule de délicatesse, et causa un mal irréparable à madame Delmare, dans la crainte de charger sa conscience, à lui, d'un reproche. Cette faute fut de ne pas l'instruire des causes véritables de la mort de Noun. Sans doute, alors, elle eût réfléchi aux dangers de son amour pour Raymon : mais nous verrons plus tard pourquoi M. Brown n'osa éclairer sa cousine, et quels scrupules pénibles lui firent garder le silence sur un point si important. Quand il se décida à le rompre, il était trop tard, Raymon avait eu le temps d'établir son empire.

Un événement inattendu venait d'ébranler l'avenir du colonel et de sa femme. Une maison de commerce de Belgique sur laquelle reposait toute la prospérité de l'entreprise Delmare, avait fait tout d'un coup faillite, et le colonel, à peine rétabli, venait de partir en toute hâte pour Anvers.

En le voyant encore si faible et si souffrant, sa femme avait voulu l'accompagner; mais M. Delmare, menacé d'une ruine complète, et résolu de faire honneur à tous ses engagemens, craignit que son voyage n'eût l'air d'une fuite, et voulut laisser sa femme au Lagny comme une caution de son retour. Il refusa de même la compagnie de sir Ralph, et le pria de rester pour servir d'appui à madame Delmare, en cas de tracasseries de la part des créanciers inquiets ou pressés.

Au milieu de ces circonstances fâcheuses, Indiana ne s'effraya que de la possibilité de quitter le Lagny et de s'éloigner de Raymon: mais il la rassura en lui démontrant que le colonel irait indubitablement à Paris. Il lui jura qu'il la suivrait d'ailleurs en quelque lieu et sous quelque prétexte que ce fût, et la crédule femme s'estima presque heureuse d'un malheur qui lui permettait d'éprouver l'amour de Raymon. Quant à lui, un espoir vague, une pensée irritante et continuelle l'absorbaient depuis la nouvelle de cet événement : il allait enfin se trouver seul avec Indiana, ce serait la première fois depuis six mois. Elle n'avait jamais semblé chercher à l'éviter; mais aussi elle n'avait jamais semblé le désirer; et quoique peu pressé de triompher d'un amour dont la chasteté naïve avait pour lui l'attrait de la singularité, il commençait à sentir qu'il était de son honneur de le conduire à un résultat dans le monde. Il repoussait avec probité toute insinuation malicieuse sur ses relations avec madame Delmare; il assurait fort modestement qu'il n'existait entre elle et lui qu'une douce et calme amitié; mais, pour rien au monde, il n'eût voulu avouer, même à son meilleur ami, qu'il était aimé passionnément depuis six mois, et qu'il n'avait encore rien obtenu de cet amour.

Il fut un peu trompé dans son attente en voyant que sir Ralph semblait déterminé à remplacer M. Delmare pour la surveillance, qu'il s'établissait au Lagny dès le matin, et ne retournait à Bellerive que le soir; même, comme ils avaient, pendant quelque temps, la même route à suivre pour gagner leurs gîtes respectifs, Ralph mettait une insupportable affectation de politesse à conformer son départ à celui de Raymon. Cette contrainte devint bientôt odieuse à M. de Ramière, et madame Delmare crut y voir, en même temps qu'une méfiance injurieuse pour elle, l'intention de s'arroger un pouvoir despotique sur sa conduite.

Raymon n'osait demander une entrevue secrète; chaque fois qu'il avait fait cette tentative, madame Delmare lui avait rappelé certaines conditions établies entre eux. Cependant huit jours s'étaient déjà écoulés de puis le départ du colonel ; il pouvait être bientôt de retour, il fallait profiter de l'occasion. Céder la victoire à sir Ralph était un déshonneur pour Raymon. Il glissa un matin la lettre suivante dans la main de madame Delmare :

« Indiana ! vous ne m'aimez donc pas
» comme je vous aime ? Mon ange ! je suis
» malheureux, et vous ne le voyez pas. Je
» suis triste, inquiet de votre avenir, non du
» mien ; car, où que vous soyez, j'irai vivre
» et mourir. Mais la misère m'effraie pour
» vous ; débile et fluette comme vous l'êtes,
» ma pauvre enfant, comment supporteriez-
» vous les privations ? Vous avez un cousin
» riche et libéral, votre mari acceptera peut-
» être de sa main ce qu'il refusera de la
» mienne. Ralph adoucira votre sort, et moi,
» je ne ferai rien pour vous !

» Vous voyez bien, chère amie, que j'ai

» sujet d'être sombre et chagrin. Vous, vous
» êtes héroïque, vous riez de tout, vous ne
» voulez pas que je m'afflige. Ah! que j'ai
» besoin de vos douces paroles, de vos doux
» regards pour soutenir mon courage! Mais,
» par une inconcevable fatalité, ces jours
» que j'espérais passer librement à vos ge-
» noux ne m'ont apporté qu'une contrainte
» encore plus cuisante.

» Dites donc un mot, Indiana, afin que
» nous soyons seuls au moins une heure,
» que je puisse pleurer sur vos blanches
» mains, vous dire tout ce que je souffre, et
» qu'une parole de vous me console et me
» rassure.

» Et puis, Indiana, voyez-vous, j'ai un
» caprice d'enfant, un vrai caprice d'amant :
» je voudrais entrer dans votre chambre.
» Ah! ne vous alarmez pas, ma douce
» créole! Je suis payé, non pas seulement

» pour vous respecter, mais pour vous crain-
» dre; c'est précisément là pourquoi je vou-
» drais entrer dans votre chambre, m'age-
» nouiller à cette place où je vous ai vue
» presque nue, et où malgré mon audace je
» n'ai pas osé vous regarder. Je voudrais me
» prosterner là, y passer une heure de re-
» cueillement et de bonheur; pour toute fa-
» veur, Indiana, je te demanderais de poser
» ta main sur mon cœur et de le purifier de
» son crime, de le calmer s'il battait trop vite,
» et de lui rendre toute ta confiance, si tu le
» trouves enfin digne de toi. Oh oui! je vou-
» drais te prouver que je le suis maintenant,
» que je te connais bien, que je te rends un
» culte plus pur et plus saint que jamais
» jeune fille ne rendit à sa madone! Je vou-
» drais être sûr que tu ne me crains plus,
» que tu m'estimes autant que je te vénère;
» appuyé sur ton cœur, je voudrais vivre
» une heure de la vie des anges. Dis, ma ga-

» zelle, le veux-tu? Une heure, la première,
» la dernière peut-être!

» Il est temps de m'absoudre, Indiana,
» de me rendre ta confiance si cruellement
» ravie, si chèrement rachetée. N'es-tu pas
» contente de moi? dis, n'ai-je pas passé six
» mois derrière ta chaise, bornant toutes
» mes voluptés à regarder ton cou de neige,
» penché sur ton ouvrage, au travers des
» boucles de tes cheveux noirs? à respirer le
» parfum qui s'émane de toi et que m'appor-
» tait vaguement l'air de la croisée où tu t'as-
» sieds! Tant de soumission ne mérite donc
» pas la récompense d'un baiser? Un baiser
» de sœur, si tu veux, un baiser au front.
» Je resterai fidèle à nos conventions, je te
» le jure. Je ne demanderai rien... Mais toi,
» cruelle, ne veux-tu rien m'accorder? est-
» ce donc de toi-même que tu as peur? »

Madame Delmare monta dans sa chambre

pour lire cette lettre ; elle y répondit sur-le-champ et glissa la réponse avec une clef du parc qu'il connaissait trop bien.

« Moi te craindre, Raymon ! Oh non, pas
» à présent. Je sais trop comme tu m'aimes,
» j'y crois avec trop d'ivresse. Viens donc,
» je ne me crains pas non plus ; si je t'aimais
» moins, je serais peut-être moins calme,
» mais je t'aime comme tu ne le sais pas toi-
» même...... Partez de bonne heure, afin
» d'ôter toute défiance à Ralph. Revenez à
» minuit, vous connaissez le parc et la mai-
» son ; voici la clef de la petite porte, re-
» fermez-la sur vous. »

Cette confiance ingénue et généreuse fit rougir Raymon ; il avait cherché à l'inspirer avec l'intention d'en abuser ; il avait compté sur la nuit, sur l'occasion, sur le danger. Si Indiana avait montré de la crainte, elle était perdue ; mais elle était tranquille, elle s'abandonnait à sa foi, il jura de ne pas l'en faire repentir. L'important d'ailleurs, c'était de passer une nuit dans sa chambre, afin de ne pas être un sot à ses propres yeux, afin de rendre inutile la prudence de Ralph, et de pouvoir le railler intérieurement. C'était une satisfaction personnelle dont il avait besoin.

XVI.

—

Mais ce soir-là Ralph fut vraiment insupportable; jamais il ne fut plus lourd, plus froid et plus fastidieux. Il ne put rien dire à propos, et pour comble de maladresse, la soirée était déjà fort avancée qu'il n'avait encore fait aucun préparatif de départ. Madame Delmare commençait à être mal à l'aise, elle regardait alternativement la pendule qui marquait onze heures, la porte que le vent faisait grincer, et l'insipide figure de son cousin qui, établi vis-à-vis d'elle sous le manteau de la cheminée, regardait paisiblement la braise sans paraître se douter de l'importunité de sa présence.

Cependant le masque indélébile de sir Ralph, sa contenance pétrifiante, cachaient en cet instant de profondes et cruelles agitations. C'était un homme à qui rien n'échappait, parce qu'il observait tout avec sang-froid. Il n'avait pas été dupe du départ simulé de Raymon. Il s'apercevait fort bien en ce moment des anxiétés de madame Delmare. Il en souffrait plus qu'elle-même, et il flottait irrésolu entre le désir de lui donner des avertissemens salutaires et la crainte de s'abandonner à des sentimens qu'il désavouait;

enfin l'intérêt de sa cousine l'emporta, et il rassembla toutes les forces de son ame pour rompre le silence.

— Cela me rappelle, lui dit-il tout-à-coup en suivant le cours de l'idée qui le préoccupait intérieurement, qu'il y a aujourd'hui un an, nous étions assis, vous et moi, sous cette cheminée, comme nous voici maintenant; la pendule marquait à peu près la même heure, le temps était sombre et froid comme ce soir.... Vous étiez souffrante, et vous aviez des idées tristes; c'est ce qui me ferait presque croire à la vérité des pressentimens!

— Où veut-il en venir? pensa madame Delmare en regardant son cousin avec une surprise mêlée d'inquiétude.

— Te souviens-tu, Indiana, continua-t-il, que tu te sentis alors plus mal qu'à l'ordinaire? Moi je me rappelle tes paroles comme si elles retentissaient encore à mes oreilles : *Vous me traiterez de folle*, disais-tu, *mais il y a un danger qui se prépare autour de nous et qui pèse sur quelqu'un; sur moi, sans doute*, ajoutas-tu, *je me sens émue comme à l'approche d'une grande phase de ma destinée, j'ai peur....* Ce sont tes propres expressions, Indiana.

— Je ne suis plus malade, répondit Indiana qui était redevenue, tout d'un coup, aussi pâle qu'au temps dont parlait sir Ralph; je ne crois plus à ces vaines frayeurs....

— Moi, j'y crois, reprit-il, car ce soir-là tu fus prophète, Indiana : un grand danger nous menaçait, une influence funeste enveloppait cette paisible demeure.....

— Mon dieu! Je ne vous comprends pas!......

— Tu vas me comprendre, ma pauvre

amie. C'est ce soir-là que Raymon de Ramière entra ici..... Tu te souviens dans quel état......

Ralph attendit quelques instans sans oser lever les yeux sur sa cousine ; comme elle ne répondit rien, il continua :

— Je fus chargé de le rendre à la vie et je le fis, autant pour te satisfaire que pour obéir aux sentimens de l'humanité ; mais en vérité, Indiana, malheur à moi pour avoir conservé la vie de cet homme ! c'est vraiment moi qui ai fait tout le mal.

— Je ne sais de quel mal vous voulez parler, répondit Indiana sèchement.

Elle était profondément blessée de l'explication qu'elle prévoyait.

— Je veux parler de la mort de cette infortunée, dit Ralph. Sans lui, elle vivrait encore; sans son fatal amour, cette belle et honnête fille qui vous chérissait serait encore à vos côtés...

Jusque-là, madame Delmare ne comprenait pas. Elle s'irritait jusqu'au fond de l'ame de la tournure étrange et cruelle que prenait son cousin pour lui reprocher son attachement à M. de Ramière.

—C'en est assez, dit-elle en se levant.

Mais Ralph ne parut pas y prendre garde.

—Ce qui m'a toujours étonné, dit-il, c'est que vous n'ayez pas deviné le véritable motif qui amenait ici M. de Ramière par-dessus les murs.

Un rapide soupçon passa dans l'ame d'Indiana, ses jambes tremblèrent sous elle, et elle se rassit.

Ralph venait d'enfoncer le couteau et d'entamer une affreuse blessure. Il n'en vit pas plus tôt l'effet qu'il eut horreur de son ouvrage ; il ne songeait plus qu'au mal qu'il venait de faire à la personne qu'il aimait le mieux au monde, il sentit son cœur se briser. Il eût pleuré amèrement alors, s'il eût pu pleurer. Mais l'infortuné n'avait pas le don des larmes, il n'avait rien de ce qui traduit éloquemment le langage de l'ame : le sang-froid extérieur avec lequel il consomma cette opération cruelle lui donna l'air d'un bourreau aux yeux d'Indiana.

— C'est la première fois, lui dit-elle avec amertume, que je vois votre antipathie pour M. de Ramière employer des moyens indignes de vous ; mais je ne vois pas en quoi il importe à votre vengeance d'entacher la mémoire d'une personne qui me fut chère, et que son malheur eût dû nous rendre sacrée. Je ne vous ai pas fait de questions, sir Ralph, je ne sais de quoi vous me parlez. Veuillez me permettre de n'en pas écouter davantage.

Elle se leva, et laissa M. Brown étourdi et brisé.

Il avait bien prévu qu'il n'éclairerait madame Delmare qu'à ses propres dépens; sa conscience lui avait dit qu'il fallait parler, quoi qu'il en pût résulter, et il venait de le faire avec toute la brusquerie de moyens, toute la maladresse d'exécution dont il était capable. Ce qu'il n'avait pas bien apprécié, ce fut la violence d'un remède si tardif.

Il quitta le Lagny désespéré, et se mit à errer parmi la forêt dans une sorte d'égarement.

Il était minuit, Raymon était à la porte du parc. Il l'ouvrit; mais en entrant, il sentit sa tête se refroidir. Que venait-il faire à ce rendez-vous? Il avait pris des résolutions vertueuses; serait-il donc récompensé par une chaste entrevue, par un baiser fraternel, des souffrances qu'il s'imposait en cet instant? Car si vous vous souvenez en quelles circonstances il avait jadis traversé ces allées et franchi ce jardin, la nuit, furtivement, vous comprendrez qu'il fallait un certain degré de courage moral pour aller chercher le plaisir sur une telle route et au travers de pareils souvenirs.

A la fin d'octobre, le climat des environs de Paris devient brumeux et humide, surtout le soir autour des rivières. Le hasard voulut que cette nuit-là fût blanche et opaque comme l'avaient été les nuits correspondantes du printemps précédent; Raymon marcha avec incertitude parmi les arbres enveloppés de vapeurs. Il passa devant la porte d'un certain kiosque dont l'usage était de renfermer, l'hiver, une fort belle collection de geraniums. Il jeta un regard sur la porte, et son cœur battit malgré lui à l'idée extravagante qu'elle allait s'ouvrir peut-être et laisser sortir une femme enveloppée d'une pelisse... Raymon sourit de cette faiblesse superstitieuse, et continua son chemin. Néanmoins le froid l'avait gagné, et sa poitrine se resserrait à mesure qu'il approchait de la rivière.

Il fallait la traverser pour entrer dans le parterre, et le seul passage en cet endroit était un petit pont anglais jeté d'une rive à l'autre; le brouillard devenait plus épais encore sur le lit de la rivière, et Raymon se cramponna à la rampe pour ne pas s'égarer dans les roseaux qui croissaient autour de ses marges. La lune se levait alors, et, cherchant à percer les vapeurs, jetait des reflets incertains sur ces plantes agitées par le vent et par le mouvement de l'eau. Il y avait, dans la brise qui glissait sur les feuilles et frissonnait parmi les remous légers de la rivière, comme des plaintes, comme des paroles humaines entrecoupées. Un faible sanglot partit à côté de Raymon, et un mouvement soudain ébranla les roseaux; c'était un courlis qui s'envola à son approche : le cri de cet oiseau des rivages ressemble exactement au vagissement d'un enfant abandonné, et quand il s'élance du creux des joncs, on dirait le dernier effort d'une personne qui se noie. Vous trouverez peut-être Raymon bien faible et bien pusillanime: ses dents se contractèrent, et il faillit tomber; mais il s'aperçut vite du ridicule de cette frayeur, et franchit le pont.

Il en avait atteint la moitié, lorsqu'une forme humaine à peine distincte se dressa devant lui, au bout de la rampe, comme si elle l'eût attendu au passage; les idées de Raymon se confondirent, son cerveau bouleversé n'eut pas la force de former un raisonnement. Il retourna sur ses pas, et resta caché dans l'ombre des arbres, contemplant d'un œil fixe et terrifié cette vague apparition qui restait là mobile, incertaine, comme la brume de la rivière et le rayon tremblant de la lune. Il commençait à croire pourtant que la préoccupation de son esprit l'avait abusé, et que ce qu'il prenait pour une figure humaine n'était que l'ombre d'un arbre ou la tige d'un arbuste, lorsqu'il la vit distinctement se mouvoir, marcher et venir à lui.

Alors, si ses jambes ne lui eussent entièrement refusé le service, il se fût enfui aussi rapidement, aussi lâchement que l'enfant qui passe le soir auprès des cimetières et qui croit entendre des pas aériens courir derrière lui sur la pointe des herbes. Mais il se sentit paralysé, et embrassa pour se soutenir le tronc d'un saule qui lui servit de refuge. Alors sir Ralph, enveloppé d'un manteau de couleur claire qui, à trois pas, lui donnait l'aspect d'un fantôme, passa auprès de lui, et s'enfonça dans le chemin qu'il venait de parcourir.

—Vil espion! pensa Raymon, en le voyant chercher la trace de ses pas. J'échapperai à ta lâche surveillance, et pendant que tu montes la garde ici, je serai heureux là-bas.

Il franchit le pont avec la légèreté d'un oiseau et la confiance d'un amant; c'en était fait de ses terreurs. Noun n'avait jamais existé, la vie positive se réveillait autour de lui, Indiana était là-bas qui l'attendait, Ralph était là qui se tenait en faction pour l'empêcher d'avancer.

—Veille, dit joyeusement Raymon en l'apercevant de loin qui le cherchait sur une route opposée. Veille pour moi, bon Rodolphe Brown; officieux ami, protège mon bonheur; et si les chiens s'éveillent, si les domestiques s'inquiètent, tranquillise-les, impose-leur silence, en leur disant :—C'est moi qui veille, dormez en paix.

Alors plus de scrupules, plus de remords, plus de vertu pour Raymon : il avait acheté assez cher l'heure qui sonnait. Son sang glacé dans ses veines refluait maintenant vers son cerveau avec une violence délirante. Tout à l'heure les pâles terreurs de la mort, les rêves funèbres de la tombe; à présent les fougueuses réalités de l'amour, les âpres joies de la vie. Raymon se retrouvait audacieux et jeune comme au matin, lorsqu'un rêve sinistre nous enveloppe de ses linceuls, et qu'un joyeux rayon du soleil nous réveille.

— Pauvre Ralph! pensa-t-il en montant l'escalier dérobé d'un pas hardi et léger, c'est toi qui l'as voulu.

FIN DU TOME PREMIER.

INDIANA.

www.ingramcontent.com/pod-product-compliance
Lightning Source LLC
Chambersburg PA
CBHW060628170426
43199CB00012B/1480